SPOKOJNIE, TO TYLKO DZIECKO,
czyli jak dobrze wychować
i nie zwariować

Copyright © Karolina Malinowska, Czerwone i Czarne

Projekt okładki
Paweł Panczakiewicz/PANCZAKIEWICZ ART.DESIGN

Zdjęcia
Marta Wojtal, archiwum prywatne autorki

Redaktor prowadząca
Katarzyna Litwińczuk

Redakcja
Krystyna Romanowska

Korekta
Mirosława Jasińska-Nowacka, Katarzyna Kaźmierska,
Sylwia Razcwarkow

Skład
Tomasz Erbel

**Wydawca
Czerwone i Czarne Sp. z o.o. S.K.A.
Rynek Starego Miasta 5/7 m. 5
00-272 Warszawa**

Druk i oprawa
Toruńskie Zakłady Graficzne
„Zapolex" Sp. z o.o.
ul. Gen. Sowińskiego 2/4
87-100 Toruń

Wyłączny dystrybutor
Firma Księgarska Olesiejuk Sp. z o.o. sp. j.
ul. Poznańska 91
05-850 Ożarów Mazowiecki
www.olesiejuk.pl

ISBN 978-83-7700-250-6

Warszawa 2016

*Książkę wydrukowano na papierze Hi Bulk 53 g vol. 2.4
dostarczonym przez Zing Sp. z o.o.*

ZiNG
www.zing.com.pl

SPOKOJNIE, TO TYLKO DZIECKO,
czyli jak dobrze wychować i nie zwariować

Karolina Malinowska

Warszawa 2016

WSTĘP

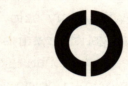

Życie daje nam w prezencie różne szanse. Szanse na doświadczanie nowych rzeczy, stanie się kimś innym, na nowe poznania. Na bycie lepszą wersją siebie. Dla mnie takim momentem był czas, kiedy zostałam mamą. Po raz pierwszy, drugi, trzeci... Sprzedana! Tak – ma się ochotę krzyknąć – i właściwie czemu nie? Sprzedana w niewolę bezwarunkowej, najmocniejszej miłości, jakiej możesz doświadczyć!

Kiedy zostajesz rodzicem, doświadczasz zupełnie innej, nowej formy człowieczeństwa. Tak, wiem, że to wszystko brzmi bardzo górnolotnie, emocjonalnie, ale w końcu takie jest. Jasne, że w międzyczasie musimy uporać się z milionem innych emocji niż miłość, np. frustracją, strachem. Poczuciem, że nasze życie się skończyło. Ile razy powtarzamy sobie – ja się do tego nie nadaję! Nie chcę być matką! Nie chcę być ojcem! Przyznam uczciwie, że mnie zdarzyło się to nieraz. Bo oprócz wielkiej miłości przychodzi także wielkie, nieporównywalne z niczym zmęczenie. Życie, jakie znaliśmy do tej pory, odchodzi. Ale po tym najgorszym czasie dzieci zaczynają chodzić, mówić, dokonywać świadomych wyborów i okazuje się, że są najwspanialszymi osobami, jakie udało ci się poznać.

Dla mnie bycie matką to przede wszystkim świadome, pokorne pozbycie się egoizmu. Poświęcasz się dla kogoś nie tylko dlatego, że musisz, ale przede wszystkim dlatego, że chcesz. Skala tego poświęcenia dla każdego jest inna, ale ma wspólny mianownik, jakim jest szczęście dziecka.

Moje dzieciństwo nie było łatwe, ale dziś, patrząc na nie z perspektywy dojrzałej kobiety, mogę śmiało powiedzieć, że było pełne miłości dzięki mojej Mamie i Babci. To dwie najodważniejsze kobiety, jakie znam. Moja Mama nie była jedną z tych, które dla „dobra dzieci" tkwiły w związku, w którym dochodziło do przemocy psychicznej i fizycznej. Moja Mama dla dobra dzieci zakończyła ten związek. Bez pieniędzy, bez dachu nad głową, bez superkariery zawodowej, za to z dwójką małych dzieci otworzyła drzwi z tabliczką „nowy rozdział" i z ogromnym strachem, a także wielką odpowiedzialnością, postanowiła przez nie przejść.

Co pamiętam? Tygodnie bez obiadu, bo nie było na niego pieniędzy. Sprzedawanie razem z moim bratem śliwek i kwiatów, żeby zarobić na jedzenie. Wczesne wstawanie w weekendy i pomaganie Mamie przy sprzątaniu wielkich hal, bo przecież nie mogła zostawić nas samych w domu. Jej ukrywanie się, żebyśmy tylko nie widzieli, że płacze z bezsilności. Pamiętam naszych wspaniałych sąsiadów z bloku na łódzkim osiedlu, którzy pomagali nam, jak tylko mogli.

Moja Mama jest wróżką – do dziś w to wierzę. Potrafiła wyczarować nam niezwykły świat i często nas do niego zabierała, bo ten nasz prawdziwy nie był najłaskawszy. Pamiętam, kiedy przez całą noc szyła mi letnie ubranie – miałam może wtedy 10 lat. Nie było mowy o pójściu do sklepu i kupieniu czegoś tak po prostu. Za co? A Ona zmęczona po wielu godzinach pracy, opiece nade mną i moim bratem, siedziała i szyła... To był kolorowy komplecik – spodenki i koszulka. Wszystkie dziewczynki na podwórku mi go zazdrościły. Podobnie jak niezwykłych koszulek, które robiła. Żałuję, że już ich nie mam.

Zabierała nas na wszystkie możliwe imprezy plenerowe, żebyśmy tylko mieli zapewnione atrakcje i nie spędzali czasu w czterech ścianach. Odrabiała z nami lekcje, uczyła tego, aby starać się być jak najlepszym. Dziś wiem, że zawsze da się wyżej, szybciej i dalej, jeśli tylko się tego chce. Bo jak się chce, to naprawdę można!

Miała momenty zmęczenia i wkurzenia, to normalne. Ale te pamiętam jak przez mgłę. Ani ja, ani mój brat nie sprawialiśmy problemów wychowawczych. Mama potrafiła być nie tylko rodzicem i nauczycielem, ale przede wszystkim przyjacielem. Nie raz i nie dwa wypłakiwałam się Jej w rękaw. Cierpliwie wysłuchiwała moich zwierzeń o niespełnionej miłości do kolegi z podwórka i nigdy się z nich nie śmiała. To Ona zaszczepiła mi miłość do musicali i przedwojennych polskich filmów. Zawsze mówiła – postępuj tak, żebyś wieczorem z czystą głową i czystym sercem mogła pożegnać dzień.

    Moja Mama jest niezwykła. Jest dla mnie wszystkim i choć dziś żyjemy w zabieganym świecie, który krzyczy „musisz posiadać, aby być", ja dzięki Niej wiem, że jest odwrotnie. Przede wszystkim musisz być.
    Kiedy pytam Ją, czy popełniła jakieś błędy jako Matka, odpowiada, że całe mnóstwo. Ale ja nie umiem ich wskazać. Wiele razy powtarzamy sobie: „Nie będę jak moja matka czy mój ojciec", a i tak jesteśmy tacy sami. Ja chciałabym mieć w sobie tyle siły i tyle determinacji. Często słyszymy, że dziś świat daje nam, rodzicom, wszelkie ułatwienia, bo kiedyś nie było tego

czy tamtego. To prawda, tylko czy to naprawdę wszystko jest łatwiejsze?

Mamo, z całego serca dziękuję Ci za wszystko, co dla mnie zrobiłaś. Dzięki Tobie każdego dnia chcę być jeszcze lepszą matką. Dziękuję też mojej Babci Irence za to, że zawsze była wsparciem nie tylko dla mojej Mamy, ale dziś i dla mnie. To Wy dwie zawsze będziecie dla mnie wielką inspiracją. Tę książkę Wam dedykuję.

Na czym polega idealne rodzicielstwo? Nie mam pojęcia, nie znam odpowiedzi. Może takie nie istnieje? Wszyscy popełniamy błędy pomimo wielu rad, jakie otrzymujemy. Klucz jest jeden. Miłość. Bo kiedy kochasz swoje dzieci, ale i siebie samego, rodzicielstwo jest łatwiejsze.

Nie jestem matką idealną i wiem, że nie będę. Chyba nawet nie chcę. Popełniam mnóstwo błędów, ale mam poczucie, że sobie całkiem nieźle radzę. Mam obok siebie partnera, który jest wspaniałym ojcem, i choć często oboje mamy wątpliwości, czy dobrze postępujemy, to staramy się być po prostu dobrymi rodzicami.

Nie znajdziecie tu wynurzeń matki celebrytki o tym, jak być idealną. Nic z tego. Sama się uczę, każdego dnia. Idzie mi różnie, ale zawsze do przodu. Wiecie, kto jest najlepszym przewodnikiem po świecie rodzicielstwa? Każda inna matka i każdy inny ojciec spotkany na placu zabaw, w poczekalni u lekarza czy w sklepie. Bo ma takie same problemy jak Wy. Jedne większe, inne mniejsze i codziennie musi stawić im czoło.

Kiedy zaproponowano mi napisanie tej książki, to pierwszą myślą, jaka się pojawiła w mojej głowie, było: „Kim ja jestem, żeby doradzać innym?". Sama co chwilę upadam, rozkładam ręce i mam poczucie, że chyba czas się poddać. Na szczęście wiem, że należy otaczać się ludźmi lepszymi od siebie. Dzięki mojej pracy miałam okazję poznać wielu wybitnych specjalistów, którzy o dzieciach wiedzą wiele. Z częścią udało mi się zaprzyjaźnić i bardzo sobie tę przyjaźń cenię.

Ta książka jest nie tylko dla was, ale i dla mnie samej. Bo sama dzięki niej wielu rzeczy się dowiedziałam. W imieniu wszystkich rodziców postanowiłam wybranym przeze mnie ekspertom zadać najważniejsze i najbardziej nurtujące nas, rodziców, pytania. Bo niby wszystko jest takie proste, niby wszystko wiemy, a jednak tak łatwo się pogubić, prawda?

Kochani, pamiętajcie o jednym: każdy z was jest najlepszym rodzicem dla swojego dziecka. Wasz syn czy córka nie mogliby sobie wymarzyć lepszej mamy ani lepszego taty. Tak jest. Wasze dziecko kocha was miłością bezwarunkową, najpiękniejszą i najczystszą, jaka istnieje. Nieważne, jakich wyborów dokonacie: czy idzie ci dobrze w pracy, czy schudłaś dziesięć kilogramów. Nieważne, czy dostałeś awans, czy nie udało ci się przeczytać mu bajki na dobranoc. To wszystko nieważne. Bo najważniejsze jest to, że już zawsze będziesz dla kogoś kimś najważniejszym i najlepszym na świecie. Mamo! Tato! Razem damy radę!

Karolina Malinowska
mama trzech synów

Ja z Mamą.

Ja z Mamą
i Babcią.

> EKIPA EKSPERTÓW <

Iwona Gnach-Olejniczak
STOMATOLOG

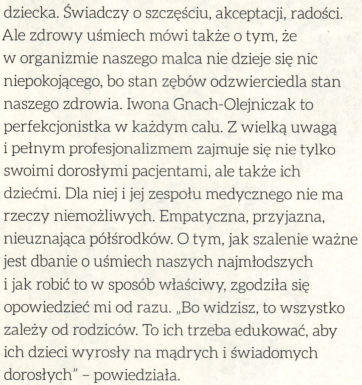

Nie ma na świecie niczego piękniejszego niż uśmiech dziecka. Świadczy o szczęściu, akceptacji, radości. Ale zdrowy uśmiech mówi także o tym, że w organizmie naszego malca nie dzieje się nic niepokojącego, bo stan zębów odzwierciedla stan naszego zdrowia. Iwona Gnach-Olejniczak to perfekcjonistka w każdym calu. Z wielką uwagą i pełnym profesjonalizmem zajmuje się nie tylko swoimi dorosłymi pacjentami, ale także ich dziećmi. Dla niej i jej zespołu medycznego nie ma rzeczy niemożliwych. Empatyczna, przyjazna, nieuznająca półśrodków. O tym, jak szalenie ważne jest dbanie o uśmiech naszych najmłodszych i jak robić to w sposób właściwy, zgodziła się opowiedzieć mi od razu. „Bo widzisz, to wszystko zależy od rodziców. To ich trzeba edukować, aby ich dzieci wyrosły na mądrych i świadomych dorosłych" – powiedziała.

Paweł Grzesiowski
LEKARZ

Wiele razy gościł w moich programach. Uważam go za jednego z najrozsądniejszych i najbardziej profesjonalnych pediatrów, jakich poznałam. Człowiek o ogromnej wiedzy, który waży każde słowo. Nie narzuca swojego zdania, za to tłumaczy. Kiedy dostrzega absurdy, nie boi się mówić o nich głośno. Pewny swego. Słuchający, cierpliwy i zawsze pomocny. Pamiętam, jak dzwoniłam kiedyś do niego w sytuacji kryzysowej, kiedy nie wiedziałam, co zrobić z sześciolatkiem, który zjadł piankę do pakowania paczek, myśląc, że to chrupki. Uspokoił. Wytłumaczył, na co zwrócić uwagę, a na koniec rzucił: „Malina, ty trochę wyluzuj, bo jeszcze nie takie rzeczy ci się przytrafią". I wtedy wiedziałam, że odbieramy na tych samych falach. Autorytet nie tylko dla rodziców, ale i dla innych lekarzy, dla studentów. Nie bałam się zadać mu żadnego pytania, bo dla niego te banalne nie istnieją. Każde jest ważne, bo każde dotyczy dziecka.

> EKIPA EKSPERTÓW <

Aneta Górska-Kot
LEKARZ

Anetę poznałam przez moją przyjaciółkę. Wiele słyszałam o niej od rodziców dzieci przebywających w szpitalu przy ul. Niekłańskiej w Warszawie, gdzie pełni funkcję ordynatora oddziału pediatrycznego. Wypytałam ją o niełatwe relacje na linii personel – szpital – rodzice dziecka będącego pacjentem. Sami często nie wiemy, co nam wolno, czego nie w szpitalu. Jak pomóc, aby jednocześnie nie przeszkadzać? Jej gabinet pełen jest rysunków od wdzięcznych maluszków i wcale się nie dziwię. Aneta Górska-Kot może być wzorem dla wielu ordynatorów, bo choć codziennie stawia czoło wielu wyzwaniom, to mimo zmęczenia zawsze obdaruje cię uśmiechem, ciepłym spojrzeniem i będzie służyć dobrą radą.

Alicja Kalińska
DIETETYCZKA

Nie mogłabym sobie wymarzyć lepszej osoby w roli specjalisty od żywienia najmłodszych. Alicja Kalińska to osoba, której nie raz i nie dwa płakałam w rękaw, a ona cierpliwie wysłuchiwała o moich upadkach związanych z byciem na diecie. To ona uświadomiła mi, że nie ma czegoś takiego jak „bycie na diecie". Dieta to po prostu nasz sposób odżywiania. Od małego kształtujemy swoje nawyki żywieniowe. W pierwszych latach życia robią to za nas nasi rodzice. A sami wiecie, że czym skorupka za młodu...

> EKIPA EKSPERTÓW <

Justyna Korzeniewska
PSYCHOLOG

My, rodzice, często boimy się przyznać do jednego – nie radzę sobie z wychowaniem. Trudno to powiedzieć głośno, prawda? Sugestia, że powinniśmy udać się z dzieckiem do psychologa, jest dla nas przyznaniem się do porażki. Tylko dlaczego? Kiedy malucha boli ząb, idziemy z nim do dentysty. A kiedy boli coś, czego nie umiemy zdiagnozować? Justynę Korzeniewską poznałam podczas tworzenia programu „Na kłopoty ABC", którego byłam gospodynią. Poruszaliśmy w nim tematy związane z wychowaniem dzieci, często pojawiała się w studiu jako gość. Ujęła mnie spokojem, lekką tajemniczością, a jednocześnie otwartością. Nieraz korzystałam z jej porad. Jest dla mnie wielką inspiracją i źródłem wiedzy. Zawsze mogę na niej polegać. Dała się namówić na rozmowę, za co bardzo jej dziękuję. Profesjonalna, uczciwa, dyskretna i skromna. Dla mnie psycholog idealny. Na co dzień wspiera rodziców i dzieci w Instytucie „Pomnik – Centrum Zdrowia Dziecka" w Warszawie. Dla niej nie ma trudnych pytań, co najwyżej jeszcze bardziej ciekawe.

Danuta Kozakiewicz
DYREKTORKA SZKOŁY

W swoim życiu spotkałam wielu nauczycieli i dyrektorów. Ale takiej drugiej osoby jak pani Danusia nie znam. Mówi o sobie „dyra bez kompleksów" i nic dziwnego. Z wielkimi sukcesami prowadzi państwową szkołę na warszawskim Wilanowie. Szkoła marzenie! I szkoła marzeń, bardzo realnych, bo dostrzeganych przez jej kadrę. Uśmiechnięta, pozytywna, otwarta na rodziców i kochająca dzieci. W jej szkole jest miejsce dla każdego dziecka – i tego z zespołem Aspergera, łobuziaka i takiego kochającego naukę. Dzieci są różne, a ona ma do nich odpowiednie podejście. Uczciwa. Nie dzierży berła sama – dzieli się nim po połowie z rodzicami swoich uczniów, co jest rzadkim zjawiskiem. Opowiada o szkole w prosty sposób. Bo przejście przez szkołę może być proste. Ona wyjaśni, jak.

> EKIPA EKSPERTÓW <

Zofia Pędich
NIANIA

Przychodzi taki moment w życiu matki, że masz serdecznie dość. Dość wszystkiego. Pieluch, kup, słoiczków, wiecznie ubrudzonych marchewką białych bluzek. Oglądania kreskówek i całego tego bycia matką 24 godziny na dobę. Chcesz znów być kobietą, pracownikiem, mieć czas na wyjście na kawę z koleżanką... Na spokojną kawę, a nie latanie dookoła stolika i uważanie, żeby twoja pociecha nie ściągnęła na siebie rzeczonej kawy. Wtedy w głowie pojawia ci się jedna myśl – zatrudnię nianię! Trzeba tylko znaleźć tę odpowiednią, jedyną. Taką łagodną. Godną zaufania.
I natychmiast w głowie pojawiają się miliony pytań. Młoda czy dojrzała? Z dużym doświadczeniem czy po prostu z wielkim sercem? Mówiąca w kilku językach czy kreatywna plastycznie? Jak szukać niani? Przez portale? Przez znajomych? Ja skusiłam się na tę ostatnią opcję. Pamiętam dzień, kiedy pierwszy raz zobaczyłam Zosię w moich drzwiach. Nie, nie był to moment w stylu: „Oto mój Anioł z nieba. Mój wybawca". Oj, nie! Dlaczego? Nic wam jeszcze nie zdradzę, przeczytajcie sami. Napiszę tylko, że Zosia stała się moją przyjaciółką, a tak naprawdę członkiem naszej rodziny.

Magdalena Sujka
NAUCZYCIELKA WYCHOWANIA PRZEDSZKOLNEGO

Moment, w którym nasze dziecko idzie do przedszkola, to moment, kiedy możemy poczuć się odtrąceni. Pani wychowawczyni, ciocia z przedszkola – to ona wchodzi na pierwszy plan, bo to w jej towarzystwie maluch spędza większość dnia. Pamiętam, kiedy pierwszy raz zobaczyłam Magdalenę Sujkę, zaraz pomyślałam – młoda, kompetentna. Z uśmiechem na twarzy umiejąca postawić na swoim. Zawsze mi imponowała. Świetny pedagog. Oprócz skrupulatnego realizowania programu edukacji przedszkolnej zaszczepiała też w dzieciach empatię. Słuchała, ale uczyła mojego syna też słuchać innych. Wszystkich nauczycieli wychowania przedszkolnego podziwiam za ich niezłomność, cierpliwość i taką naturalną miłość, jaką obdarzają te maluszki. Przyznaję. Ja bym zwariowała. Na szczęście są tacy ludzie jak Magda. Przez jej skromność musiałam długo namawiać ją do podzielenia się swoją wiedzą, dziś wiem, że było warto. Po przeczytaniu jej porad świat przedszkolny nie będzie miał przed nami – rodzicami – tajemnic.

> EKIPA EKSPERTÓW <

Paweł Zawitkowski
FIZJOTERAPEUTA

Spotykaliśmy się podczas różnych programów telewizyjnych czy konferencji. Mówią o nim „zaklinacz dzieci" i choć tego nie cierpi, nie znajduję słów, które mogłyby opisać go lepiej. Wybitny fizjoterapeuta, autor wielu publikacji. Od lat podpowiada rodzicom, jak prawidłowo zajmować się dzieckiem. Kochają go dzieciaki, a dorośli uwielbiają. Profesjonalista w każdym calu. Nigdy nie odmówi pomocy i choć na co dzień zajmuje się dziećmi poważnie chorymi, uśmiech nie schodzi mu z twarzy. Kocha swoją pracę, być może dlatego, że już dawno przestał traktować ją jako tylko zawód. Kiedy zapytałam, czy dołączy do mojej ekipy ekspertów, zgodził się bez wahania. Nie wyobrażam sobie lepszego fachowca.

Część I
ZDROWIE

*Ktoś dla mnie istotny, kiedy jeszcze nie miałam własnych dzieci, opowiedział mi, że gdy pojawia się na świecie mały człowiek, wszystko inne przestaje być ważne. Miał rację. To tak, jakby wchodziło się na zupełnie inny poziom człowieczeństwa. Radość miesza się z obawami. Najbardziej boisz się o zdrowie dziecka.
Ten przyjaciel opowiadał, że wstawał wielokrotnie w nocy do swojej małej córeczki tylko po to, aby nachylić się nad łóżeczkiem i sprawdzić, czy oddycha.*

Czas płynie, ale pewne rzeczy się nie zmieniają. Dzieci rosną, a my nadal drżymy o ich zdrowie. Na szczęście w pewnym momencie potrafią się już z nami komunikować, mówić, czy coś je boli, czy nie.

Niby tak wiele wiemy, a czasem najdrobniejsze rzeczy, choćby gorączka, potrafią wywołać w nas panikę. Pamiętam, że takim początkiem spotkań z różnymi chorobami był moment pójścia dziecka do przedszkola. Zaczyna się wtedy totalna jazda.

Wiem, co piszę. Przechodziłam to trzy razy. Za każdym razem było inaczej, jedynie niepokój był tak samo duży.

Często kiedy nie wiemy, gdzie szukać porady, sięgamy do internetu. To najgorszy doradca. Dziś wiem, że warto mieć dwóch lekarzy, pod których opieką są nasze dzieci. Czemu dwóch? Po pierwsze dlatego, że mam troje dzieci, a także po to, aby poznać dwie różne opinie.

Jedną z najgorszych wizji, jaka może się ziścić, jest pobyt dziecka w szpitalu. Jest to szalenie trudny czas dla całej rodziny. Mój synek, kiedy miał 3 miesiące, musiał spędzić w warszawskim szpitalu przy ul. Niekłańskiej kilka tygodni. Był maleńki, nie miał więc świadomości, co tak naprawdę dzieje się wokół niego. Może i dobrze. Ja spałam na pożyczonym od innych rodziców rozkładanym krześle i marzyłam tylko o tym, żeby zabrać go nareszcie do domu. To był taki czas, kiedy bardzo zbliżasz się z innymi matkami i ojcami, których dzieci są na oddziale. Łączą was dwie rzeczy – strach i nadzieja, że za chwilę będzie lepiej.

> KAROLINA MALINOWSKA <

Jestem pełna podziwu dla zaangażowania personelu oddziałów pediatrii czy neonatologii. Zadbanie o małych pacjentów jest dla nich najważniejsze, ale wokół mają jeszcze rodziców. Różnych rodziców, i to często z nimi jest więcej zamieszania.

Są trudne, ale i śmieszne momenty. Pamiętam, jak mój synek otworzył pudełko, które przyszło do mnie. Wypełnione było w środku specjalnym tworzywem do zabezpieczania szklanych rzeczy – wygląda ono jak kukurydziane chrupki. Kiedy przyszedł do mnie i powiedział, że w życiu nie jadł gorszych chrupek, a ja uświadomiłam sobie, co się stało, to prawie dostałam zawału. Natychmiastowy telefon do zaprzyjaźnionego pediatry. I kiedy słyszysz w słuchawce: „Malina, nie panikuj. Włóż to pod wodę. Rozpuściło się? OK, no to nic mu nie będzie, tylko go obserwuj". I wtedy możesz dopiero odetchnąć... Znacie takie akcje?

Od lat z wielką uwagą słucham doktora Pawła Grzesiowskiego. Jest dla mnie głosem rozsądku i kimś, komu bardzo ufam we wszystkich dotyczących zdrowia tematach. To on mnie wtedy uratował przed totalną paniką. Dla niego nie ma niepotrzebnych pytań od rodziców. Drugą taką osobą jest, absolutnie niezwykła dla mnie, doktor Aneta Górska-Kot, którą poznałam dzięki mojej przyjaciółce. Udało mi się ukraść trochę ich cennego czasu, aby porozmawiać na tematy dotyczące zdrowia naszych dzieci.

Po tych wywiadach nasuwa mi się jeden najważniejszy wniosek – nie bójcie się pytać! Nie ma głupich pytań dotyczących zdrowia i życia naszych dzieci.

GORĄCZKA

Paweł Grzesiowski, pediatra

Czego sygnałem jest gorączka u dziecka?
Gorączka jest znakiem, że organizm się broni. Produkuje duże ilości białych krwinek oraz białek zapalnych, które walczą z mikrobami. Dla lekarza to sygnał, że reaguje na infekcję. Rodziców ten fakt niepokoi. Niepotrzebnie. Jeśli dziecko gorączkuje, należy się cieszyć – to zdrowy objaw walki z infekcją.

Niektórzy rodzice uważają, że 37 stopni to stan podgorączkowy, inni, że dopiero 38. Jaka jest pana opinia?
38 stopni to stan, w którym de facto rozpoznaje się gorączkę. Są badania naukowe mówiące, że temperatura do 38 stopni jest korzystna, bo „niewielkie podgrzanie" organizmu przyspiesza walkę z infekcją. Jeśli temperatura powyżej 38 stopni powoduje niekorzystne objawy, wtedy zaleca się zmniejszanie gorączki.

Sprecyzujmy: kiedy dawać leki przeciwgorączkowe?

Leki podajemy w każdym przypadku, kiedy dziecko źle toleruje gorączkę, najczęściej powyżej 38–38,5 stopni.

> **Bardzo ważne: jeśli wiemy, że maluch ma skłonność do drgawek gorączkowych, nie czekamy na wzrost temperatury do 38 stopni. Aplikujemy leki przeciwgorączkowe już przy 37,5, aby nie dopuścić do sytuacji niebezpiecznej, gdy pojawią się drgawki.**

Podobnie postępujemy w przypadku anginy, kiedy temperatura codziennie wieczorem podnosi się do 40 stopni. Dużo trudniej jest obniżyć gorączkę z 39 czy 40 stopni niż z 38,5. Dzieje się tak dlatego, że organizm uruchamia własne mechanizmy ochronne, które przestawiają termoregulację, co powoduje, że dłużej się czeka na reakcję na leki.

Jakie leki podajemy podczas gorączki dziecka?

Paracetamol, czyli acetaminofen, lub ibuprofen. Ten pierwszy działa przeciwgorączkowo, ale nie hamuje stanu zapalnego. Można go podawać w ilości nawet do 50 mg/kg na dobę. Wymiennie można podać ibuprofen. Oprócz zmniejszenia gorączki hamuje też stan zapalny. Kiedyś twierdzono, że można podawać albo paracetamol, albo ibuprofen – nigdy razem. Dzisiaj są nawet preparaty zawierające w jednej tabletce i paracetamol, i ibuprofen. Warto rodziców uczulić, że jeśli po godzinie nie ma reakcji na paracetamol, trzeba podać ibuprofen bez czekania. Jest jeszcze trzeci lek przeciwgorączkowy, uważany przez rodziców za skuteczny: pyralgina. Można go stosować, ale jako ostateczność, gdyż może wywołać dużo działań niepożądanych, np. uczulenia.

Czym mierzymy gorączkę?

Termometrem. Jest ich wiele na rynku, najdokładniejsze są tradycyjne, szklane, bezrtęciowe, zawierają stop innych pierwiastków, np. galu i indu, ale wymagają kilkuminutowego pomiaru. Nowoczesne elektroniczne pozwalają na błyskawiczny pomiar, ale czasami są nieprecyzyjne albo źle skalibrowane. W przypadku termometrów zbliżeniowych należy pamiętać o mierzeniu temperatury z konkretnej odległości (podanej w instrukcji). Pamiętajmy: najmłodszym dzieciom, w tym noworodkom, niemowlakom, najlepiej mierzyć temperaturę w odbycie. Odejmujemy wtedy 0,5 stopnia, podobnie wtedy, kiedy mierzymy gorączkę w ustach czy w uchu. Warto również pamiętać, że każde dziecko, o różnych porach dnia, ma zróżnicowaną temperaturę i nie jest to zawsze 36,6. Są dzieci, dla których normą jest temperatura 37 stopni. Warto sprawdzić, jak jest u naszego dziecka – najlepiej zdrowemu maluchowi mierzyć temperaturę o różnych porach dnia i zobaczyć, ile wynosi.

Kiedy gorączka wymaga konsultacji z pediatrą?

Nie każda gorączka wymaga szybkiej wizyty u lekarza. Chyba że towarzyszą jej nietypowe objawy: dziecko pokłada się, nie chce jeść ani pić, nie uśmiecha się, nie ma chęci do zabawy, temperatura skacze do 40 stopni, a po podaniu leków, mimo spadku gorączki, dziecko nadal pozostaje apatyczne – wtedy zaleca się wizytę u lekarza w ciągu 24 godzin od początku choroby.

KIEDY IŚĆ DO PEDIATRY ZE ZDROWYM DZIECKIEM

Paweł Grzesiowski, pediatra
i lek. Aneta Górska-Kot, ordynator Oddziału Pediatrycznego Szpitala Dziecięcego
przy ul. Niekłańskiej w Warszawie

Paweł Grzesiowski: Do trzeciego roku życia stosunkowo często, bo wtedy jest dużo konsultacji profilaktycznych, najwięcej w pierwszym półroczu życia – co miesiąc ocena rozwoju, pomiary wzrostu i wagi oraz szczepienia ochronne, a także ustalanie diety. W drugim półroczu wizyt jest trochę mniej, podobnie jak szczepionek, na koniec pierwszego roku jest bilans zdrowia. W drugim roku życia jest kilka szczepień przypominających oraz bilans zdrowia dwulatka.

Aneta Górska-Kot: Poza bilansami, szczepieniami – jeżeli dziecko nie jest chore, nie ma potrzeby widzenia pediatry.

> Jeśli się dziecku nic nie dzieje, nie ma konieczności biegać do lekarza np. co pół roku. Ale terminów bilansów należy pilnować.

U maluchów są szczepienia, wtedy dziecko jest wielokrotnie oglądane (szczególnie w pierwszym roku życia). Mamy bilans dwulatka, bilans czterolatka. W szkole jest kilka bilansów, ostatnia jest kontrola szesnastolatka.

Po co są bilanse?
Paweł Grzesiowski: By ocenić rozwój fizyczny i umysłowy, czyli tempo i harmonijność rozwoju dziecka na podstawie pomiaru wagi, długości ciała (potem wysokości), zmysły wzroku, słuchu, funkcji neurologicznych itd. Lekarz obserwuje także jego rozwój psychoruchowy: ocenia, czy rozwój mózgu i układu nerwowego jest adekwatny do wieku. Najważniejsze kroki rozwojowe i bilanse wpisane są w książeczce

zdrowia, zachęcam rodziców do dokładnego jej przestudiowania.

Jak często dziecko ma przechodzić badania typu morfologia, posiewy, usg.?

Paweł Grzesiowski: Wyłącznie wtedy, kiedy coś się dzieje. Jeśli dziecko miało zdiagnozowaną anemię – wówczas kontroluje się morfologię, poziom żelaza itd. Częściej poddawani badaniom są także mali alergicy. Ale kiedy dziecko rozwija się prawidłowo, ma zaróżowioną skórę, nie wypadają mu włosy – nie prowadzimy go na morfologię, bo tak chcemy.

JAK HARTOWAĆ DZIECI?

Paweł Grzesiowski, pediatra

> **Nie istnieje w medycynie takie pojęcie jak hartowanie. Nie ma badań naukowych potwierdzających, że organizm dziecka wystawiany na niską temperaturę będzie zdrowszy niż ten, który nie był.**

Oczywiście, przyzwyczajając dziecko do niższej temperatury, powodujemy, że lepiej na nią reaguje, nie wychładza się tak szybko, jednak nie znajdziemy dowodów, że to się przekłada na większą odporność, czyli mniej infekcji. To po prostu pewien styl życia. Niższa temperatura jest bardziej korzystna dla organizmu, spowalnia metabolizm, zwalnia akcję serca, dlatego warto przyzwyczajać do niej dzieci. Ale dziecko, które się wychowuje np. w temperaturze 15 stopni, nie jest bardziej odporne niż takie, które przebywa w temperaturze 20 stopni. To, co rozumiemy przez hartowanie, to raczej przystosowanie do niższej temperatury w domu, czyli nie 25 stopni, a bliżej 19–20 stopni. Taka temperatura wpływa korzystniej na sen, jak również na wilgotność naszych śluzówek, które odpowiadają za zdrowy układ oddechowy. Gdy jest za ciepło, dziecko jest pobudzone, emocjonalnie trudniejsze do opanowania, gorzej śpi, szybciej traci wodę. Pomieszczenia warto także wietrzyć, ale przede wszystkim nie nastawiać kaloryfera na wysoką temperaturę.

Są natomiast pojedyncze badania mówiące, że korzystanie z sauny może przyspieszyć zdrowienie pierwszego dnia infekcji. Finowie wsadzają do sauny dzieci od drugiego roku życia, niektórzy nawet niemowlęta, a nawet są kobiety, które rodzą dzieci w saunie. Nie zalecam tego, bo w naszej kulturze nie ma tradycji korzystania z sauny. Finowie robią to od pokoleń.

Czy dziecko z katarem i kaszlem, z lekką infekcją, może chodzić do przedszkola, szkoły?

Na początku infekcji powinno zostać w domu. Nie ma znaczenia, ile ma kataru czy kaszlu, tylko że jest źródłem aktywnego wirusa. Jeśli natomiast jest w 15. dniu kataru, który jest nadprodukcją wydzieliny albo alergią, może spokojnie pójść do szkoły.

Ostatnie trendy to niekąpanie dzieci zimą.

Jeżeli dziecko jest brudne, to należy je umyć. Bez względu na to, czy jest lato, czy zima. Nie wyobrażam sobie, że np. cztero- czy pięciolatek nie umyje codziennie pupy czy okolicy krocza. Powinniśmy uczyć dzieci higieny osobistej. Nie chodzi o kąpiel w wannie przez 40 minut z dodatkiem szamponu, ale szybki prysznic, który powinien być absolutnie codziennie.

CZY DAWAĆ DZIECIOM SUPLEMENTY?

lek. Aneta Górska-Kot,
ordynator Oddziału Pediatrycznego Szpitala Dziecięcego przy ul. Niekłańskiej w Warszawie
i Paweł Grzesiowski, pediatra

Czy państwo są zwolennikami suplementacji dzieci?
Aneta Górska-Kot: Niektóre suplementy dzisiaj pełną funkcję, jaką jeszcze kilka lat temu odgrywały probiotyki – rodzice wierzą, że są dobre na wszystko: na alergię, na podniesienie odporności, na zaparcia.

> Wygrywa bezsprzecznie witamina D. Jej rola w procesach metabolicznych, nie tylko w gospodarce wapniowo-fosforanowej, w budowaniu kości, jest niebagatelna i wiedziano o tym od dawna. Obecnie dodatkowo wskazuje się na działanie plejotropowe, czyli wielostronne działanie witaminy D, nie tylko na metabolizm kostny. Faktycznie, prawie wszyscy mamy jej niedobory.

Nie podważam znaczenia suplementacji witaminy D. Tylko obserwuję pewne mody na rynku medycznym – oczywiście bardzo zdrowe mody. Probiotyki, witamina D zagościły już na stałe w naszej apteczce. Kolejnym suplementem, który ostatnio wkroczył na salony medyczne, są kwasy wielonienasycone. Mnoży się liczba takich preparatów. Odkryto, że mają wpływ nie tylko na rozwój mózgu, rozwój mowy, kształtowanie się umiejętności pisania, zmniejszają ryzyko dysgrafii. Pomagają także w prawidłowym rozwoju procesu widzenia, wyciszają stany zapalne. Obecnie wszystkie mleka modyfikowane są wzbogacane kwasami wielonienasyconymi omega-3.

Paweł Grzesiowski: Niestety, na skutek dziur w przepisach suplementami są dzisiaj preparaty, które kiedyś stosowaliśmy jako leki. Wystarczy spojrzeć na preparaty witaminy K i D, magnez czy probiotyki. Każde dziecko w Polsce musi dostać po urodzeniu witaminy D i K profilaktycznie. Jestem natomiast przeciwnikiem suplementów na wszystko: na apetyt, na spanie, na lepszy rozwój. Suplementujmy to, co potrzebne z racji niedoborów diety lub okresu rozwojowego.

Są jeszcze suplementy z mikroelementami, np. magnezem czy żelazem.

Paweł Grzesiowski: Jeżeli dziecko ma uboższą dietę, głównie przez pierwsze dwa lata życia, możemy wówczas zastosować suplement z dodatkiem mikroelementów. Natomiast nie jest on niezbędny do życia. Dziecko nie musi łykać dziennie pięciu tabletek różnych witamin. Jeżeli ma normalną dietę, jest to niepotrzebne, a nawet szkodliwe, bo powoduje lekomanię.

Nawet takie ładne, w postaci żelek, rybek, pastyleczek...?

Paweł Grzesiowski: Rodzice myślą, że tabletka coś załatwi. Jeżeli dziecko słabo je – dostanie suplement na apetyt. A to jest nic innego jak słodki, chemiczny, rozpuszczony napój. I wcale nie poprawia apetytu, bo większość suplementów nie przeszła badań klinicznych.

> **Namawiam do ogromnego dystansu do reklam suplementów. Nie uczmy dziecka od najmłodszych lat, że na wszystko i codziennie łyka się tabletki.**

Co powinna mama dawać małemu przedszkolakowi czy dziecku w wieku szkolnym?

Aneta Górska-Kot: Nie ma nigdzie zaleceń, żeby dawać każdemu dziecku codziennie probiotyk. Probiotyk podajemy przy biegunkach, jako osłonę przy antybiotykoterapii. W tej chwili prawie każde laboratorium oznacza poziom witaminy D. Z założenia większość dzieci ma jej niedobory. Więc jeśli będziemy dawać niewielkie ilości, w zależności od wieku między 500 a 1000 jednostek, na pewno nie zrobimy krzywdy. Kwasy omega-3, które mają szczególną rolę w podnoszeniu odporności, podajemy w okresie jesienno-zimowym. Znakomitym źródłem jest tran norweski – wyciąg z wątroby dorsza atlantyckiego czy rekina. Ale nie przesadzajmy: nie stanie się dramat, jeżeli tranu dziecko nie dostanie codziennie, wystarczy raz na 2, 3 dni. Jeżeli chodzi o preparaty wielowitaminowe – nie mam nic przeciwko. Ale – uwaga! – często rodzice podają dziecku np. trzy preparaty z tą samą substancją. Niepotrzebnie. Proszę czytać uważnie ulotki przy tych specyfikach. Podajemy je w takiej formie, jaką dziecko najbardziej lubi. Są dzieci, które nie będą piły syropów, a inne – nie znoszą tabletek. Radzę zachować zdrowy rozsądek i nie popadać w przesadę.

ANTYBIOTYKI

Paweł Grzesiowski, pediatra

Kiedy dawać dziecku antybiotyki?
Jak najrzadziej.

> **Każda decyzja o antybiotyku powinna być rozważana przez lekarza tak poważnie, jak hospitalizacja. Najnowsze badania mówią, że dzieci, które za młodu biorą antybiotyki, mają zniszczoną florę bakteryjną, większe ryzyko astmy, otyłości.**

Co by pan powiedział swoim kolegom po fachu, którzy szafują antybiotykami?
Powinniśmy traktować antybiotyki jak niebezpieczną ostateczność, podobnie jak sterydy. Za każde nieuzasadnione podanie antybiotyku lekarz powinien iść na obowiązkowy kurs. A recydywiści powinni płacić kary. Niestety starsze pokolenia lekarzy zostały wychowane w kulturze antybiotykowej – co oznacza,

że jak nie wiesz, co zrobić, to daj antybiotyk, nie pomoże, ale i nie zaszkodzi. Wciąż wielu lekarzy myśli tak: ponieważ dziecko jest małe, może jutro jeszcze mocniej zachorować, nawet tak, że umrze. I dlatego ze strachu podają antybiotyk. To jest naprawdę bardzo poważna decyzja, z konsekwencjami często idącymi w miesiące, a nawet lata. Badania mówią, że po jednej kuracji antybiotykowej flora bakteryjna odnawia się przez rok albo dwa. A nieprawidłowa flora jelitowa to przyczyna chorób zapalnych, zaburzeń wchłaniania, a nawet nieprawidłowego rozwoju. Jeżeli już dajemy antybiotyk, to koniecznie pamiętajmy o probiotyku, który odtwarza florę.

SZCZEPIENIA

lek. Aneta Górska-Kot,
ordynator Oddziału Pediatrycznego Szpitala
Dziecięcego przy ul. Niekłańskiej w Warszawie
i Paweł Grzesiowski, pediatra

Szczepienia: tak czy nie?
Aneta Górska-Kot: Zdecydowanie tak. Pierwszą szczepionkę przeciwko ospie zastosowano w 1784 r. Po przeszło dwóch wiekach stało się oczywiste, że szczepienia są dobrodziejstwem ludzkości. Wszystkie kraje cywilizowane wprowadziły kalendarz szczepień – dokument, który zawiera wykaz szczepionek refundowanych przez dane państwo swoim obywatelom. Przeznaczyły stosowną ilość pieniędzy rządowych, żeby szczepić dzieci. Dlatego mówienie, że szczepienia zabijają czy robią krzywdę, jest absurdem. Nie było problemu ze szczepieniami właściwie prawie do końca XX w. W latach dziewięćdziesiątych w prestiżowym czasopiśmie medycznym „Lancet" pojawił się artykuł, który otworzył puszkę Pandory. Była w nim mowa o tym, że szczepionki powodują autyzm.

Paweł Grzesiowski:

> **Angielski lekarz oskarżył szczepionkę o to, że wywołuje autyzm. Od tego czasu, czyli od 1998 r., w świadomości ludzkiej zakodowało się przerażenie, że jeśli zaszczepię dziecko, spowoduję autyzm. Tymczasem udowodniono, że ten lekarz był oszustem: wziął dwunastkę dzieci, podciągnął ich dane pod swoją hipotezę i wyłudził miliony za odszkodowania. Zrobił to dla pieniędzy. Niepokój rodziców jednak pozostał.**

Aneta Górska-Kot: Proszę zauważyć, że we wszystkich ruchach antyszczepionkowych działają rodzice, których dzieci mają rozmaite problemy neurologiczne, typu opóźnienia rozwoju psychoruchowego czy niepełnosprawność intelektualną. Najczęściej historia wygląda tak: rodzi się dziecko z dziesiątką w skali Apgar – wygląda na absolutnie zdrowe. Po czym po pół roku, roku u malucha zostaje rozpoznane opóźnienie rozwoju psychoruchowego. Rodzice wykształceni, zazwyczaj z dużych miast, oczytani w tym, co maluch powinien umieć, zauważają coś niepokojącego często już w 3., 4. miesiącu życia. Na przykład dziecko nie trzyma głowy, nie chce siadać, jest inne. Niestety, na wsiach i w małych miejscowościach dzieje się to z opóźnieniem – przez brak czasu i niższą świadomość. Takie charakterystyczne dla różnego rodzaju zaburzeń neurologicznych zmiany obserwuje się tam niestety później. I wtedy zaczyna się chodzenie od lekarza do lekarza. Rodzice pytają, dlaczego tak się dzieje, co się wydarzyło? I jeżeli lekarzowi uda się znaleźć przyczynę zaburzeń neurologicznych, nazwać chorobę – nikt nie skojarzy tego, co się dzieje, ze szczepieniami. Ale jak rozpoznania nie uda się ustalić, winowajca jest jeden: szczepienia.

Czy faktycznie szczepienia są temu winne?
Aneta Górska-Kot: W żadnym badaniu nie zostało udowodnione, że powodują opóźnienia rozwoju psychoruchowego czy konkretne choroby neurologiczne.

Kim są rodzice „antyszczepionkowi"?
Aneta Górska-Kot: Próbowałam dociec, dlaczego z „rodzicami antyszczepionkowymi"

nie da się rozmawiać. Oni absolutnie nie dopuszczają informacji, że winę za stan dziecka może ponosić np. nieprawidłowy przebieg ciąży. Wszystkiemu winne są szczepienia. Koniec, kropka. Całą aktywność, poza rehabilitacją swojego dziecka, przeznaczają na zwalczanie wroga – szczepionek, który spowodował, że maluch jest chory. W tego typu ruchach nie działają rodzice dzieci, które po szczepieniu doznały wstrząsu anafilaktycznego. Dlaczego? Bo oni wiedzą, że to jest działanie uboczne – niepożądany odczyn poszczepienny – wobec tego szczepią dzieci w szpitalu.

    Inną kwestią jest pogląd, że szczepienie to samo dobro, że nic się nie dzieje, nie ma działań niepożądanych. Owszem, zdarzają się działania niepożądane. Moim zdaniem dobrze jest przedyskutować, czy szczepienie odra-świnka-różyczka, zaplanowane na 13. miesiąc życia dziecka, nie jest podawane za wcześnie. Termin szczepionki zbiega się w czasie, kiedy dziecko zaczyna chodzić. Liczba impulsów i bodźców docierających do mózgu jest wówczas ogromna. To duży przeskok w rozwoju mózgu i układu neurologicznego. Jeśli dołożymy do tego szczepienie, może to ujawnić choroby, które być może pojawiłyby się później. Albo nawet spowodować czasowy przestój w rozwoju dziecka. Niektórzy więc uważają, że termin tego szczepienia powinien być przesunięty 3-4 miesiące później i to będzie zgodne z rozwojem dziecka.

Każda szczepionka powinna być indywidualnie ustalana z rodzicami?

Paweł Grzesiowski: Tak. Nie każde dziecko może przyjąć każdą szczepionkę w każdym momencie. I to jest bardzo ważna informacja. Kiedyś lekarze traktowali szczepienie jako rutynową czynność. Przychodziły do nich dzieci w jednym wieku i wszystkie je z automatu szczepiono. Dzisiaj mamy dużo więcej alergików, dzieci opóźnionych, z dolegliwościami i problemami rozwojowymi. Kiedyś w Polsce rodziło się półtora miliona dzieci, a teraz – 350 tysięcy. Mamy więc dużo mniejszą grupę najmłodszych obywateli i w niej trafiają się coraz częściej dzieci nie w pełni zdrowe. Dlatego szczepienia powinny być dostosowane do konkretnego dziecka. To jest przede wszystkim apel do lekarzy. Jeżeli przychodzi dziecko z problemem, szczepienie należy odroczyć. Rodzice są już wyedukowani, ale wielu lekarzy nie ma czasu na elastyczne programy szczepień, stosuje schematy wyuczone na starych wzorcach. To należy zmienić.

Aneta Górska-Kot: Dobrze, że jest kalendarz szczepień. Bez niego byłby ogromny bałagan. Znakomita większość dzieci wpisuje się jednak w ten kalendarz. Natomiast mały pacjent, który z powodu chorób, obaw rodziców (to są najczęściej ludzie bardzo dobrze wykształceni, pilnujący zdrowia dzieci) nie wpisze się w kalendarz, może mieć rozdzielone lub odroczone szczepienia. Jeżeli rodzice mają wątpliwości i obawy, lepiej jest ich posłuchać. Jestem absolutnie za tworzeniem indywidualnych kalendarzy szczepień. I to, na szczęście, teraz się dzieje. Wszystko zmierza do indywidualizacji: szczepienia i leczenia. Zaczynamy wiedzieć to, co wiadomo było zapewne od dawna: że każdy jest trochę inny. I wobec tego, skoro każdy organizm jest inny, możemy zindywidualizować także kalendarz szczepień.

Jeśli nie szczepimy dziecka, stanowi ono zagrożenie dla innych?

Paweł Grzesiowski: Każde dziecko niezaszczepione kiedyś zachoruje. A wtedy stanowi zagrożenie dla innych. Szczepionka nie chroni wszystkich przed każdą chorobą. Przyjmijmy, że pani ma ospę, a ja jestem przeciwko niej zaszczepiony. Jeśli bardzo dużo wirusów do mnie dotrze, mogą one przełamać odporność poszczepienną i spowodują, że jednak zachoruję. Czyli: dziecko, które nie jest szczepione, może zarazić te maluchy, których organizm słabiej odpowiedział na szczepienie, oraz te w ogóle niezaszczepione, bo przecież szczepimy dopiero po 13. miesiącu życia. Dodatkowo w każdej grupie może być dziecko, które nie jest zaszczepione z przyczyn medycznych – ono też padnie ofiarą wirusa. Wreszcie są dorośli z osłabioną odpornością. Dziecko może zarazić np. kobietę w ciąży, i wtedy to będzie naprawdę duży kłopot. Dziecko czy osoba niezaszczepiona, oprócz tego, że sama jest zagrożona, stanowi zagrożenie dla otoczenia.

Jakie szczepionki, oprócz finansowanych przez NFZ, warto zrobić?

Paweł Grzesiowski: Jeśli mamy szczepionkę, która jest skuteczna, powinniśmy z niej skorzystać. Nie ma znaczenia, czy jedne są zalecane, a drugie obowiązkowe, bo to jest tylko kwestia refundacji. To, co obowiązkowe, może minister refundować, a to, co zalecane, rodzice muszą sfinansować sami. To relikt powojennej polityki zdrowotnej. Jeżeli rodzice nie godzą się na to, aby dziecko chorowało na rotawirusy, pneumokoki, niech skorzystają ze szczepionki. Natomiast to, czy rodzic ma szczepić, czy nie, i tak jest zawsze kwestią jego decyzji. Oczywiście państwo w tym przypadku mówi: „Jeśli ludzie się nie będą szczepić, będziemy mieli epidemię, dlatego chętnie byśmy państwa zmusili do szczepień". Ale nie ma takiego paragrafu, który pozwala wykonać szczepienie z użyciem przymusu bezpośredniego. Państwo może ukarać tylko grzywną za brak postawy obywatelskiej. Nie uważam, żeby miało to jakiś wpływ na decyzje ludzi o odmiennych poglądach na kwestie szczepień, natomiast doskonale działa, gdy ktoś się uchyla od szczepień dziecka z powodu pijaństwa czy niedbalstwa.

Moim zdaniem rodziców trzeba najpierw dokładnie informować o skuteczności i bezpieczeństwie szczepionek oraz skutków zakażeń i chorób zakaźnych. Wielu rodziców mówi: „Gdybym wiedział, co pneumokoki zrobią z moim dzieckiem, nigdy nie miałbym wątpliwości, aby ję zaszczepić". Często mają żal, że lekarz nie powiedział, jakie mogą być następstwa choroby. Niestety w gabinetach lekarskich rzadko kiedy o tym mówimy. W gabinecie lekarza rodzinnego nie ma na to czasu, bo wizyta ma według NFZ trwać 10 minut. W takiej rozmowie nie można straszyć, nie można działać na zasadzie wzbudzania lęku, np. pokazywania, jak wygląda dziecko z sepsą. To nie może być też agitacja, bo rodzice umieją odróżnić marketing od wiedzy. Najlepiej działa to w formie programów edukacyjnych, które trafią do rodziców, zanim dziecko się urodzi, choćby w szkołach rodzenia. W gabinecie konsultacyjnym mam co chwilę rodziców, którzy są przeciwni szczepieniom. Kiedy jednak dowiedzą się szczegółów, po spokojnej rozmowie, okazuje się, że chcą szczepić, tylko inaczej, dlatego układamy indywidualny kalendarz szczepień, który później pilnie realizują.

A co ze szczepieniami na pneumokoki, meningokoki, rotawirusy?
Aneta Górska-Kot: W kalendarzu mamy siedem zalecanych szczepień, w tym jest pięć chorób wirusowych i dwie bakteryjne. Choroby wirusowe to biegunka rotawirusowa, wirusowe zapalenie wątroby typu A, odkleszczowe zapalenie mózgu, zakażenie wirusem brodawczaka ludzkiego i grypa. I dwie choroby bakteryjne. Jeśli ktoś wybiera, bo ma wątpliwości finansowe, doradzam szczepienia przeciw chorobom, które mogą zagrażać życiu naszego dziecka: pneumokoki i meningokoki. Jeśli trzeba wybierać między tymi dwoma, zdecydowanie lepiej zaszczepić przeciwko

pneumokokom – to zdecydowanie częstsze zakażenie wsród dzieci. Wiedza lekarzy na temat rozpowszechnienia tej bakterii jest naprawdę niewielka. Są środowiska dziecięce – przedszkolne, żłobkowe, gdzie nosicielstwo pneumokoka dochodzi nawet do 80 procent! Nie mamy świadomości, jak wiele dzieci jest jego nosicielami. A kiedy już nimi są, może dojść do zakażeń nieinwazyjnych, z którymi organizm sobie poradzi sam lub z pomocą antybiotyków. I tu szczepienia nie byłyby nam aż tak potrzebne. Natomiast w przypadku zakażeń inwazyjnych: sepsy, zapalenia opon czy ciężkiego zapalenia płuc, najlepszą ochroną jest szczepienie. Gdy dojdzie do tak poważnych zakażeń, nawet odpowiednio wcześniej wprowadzone leczenie może okazać się nieskuteczne. Pneumokok z uwielbieniem lokalizuje się na śluzówkach małych dzieci i tam sobie pomieszkuje – póki maluch jest nosicielem, nic się nie dzieje.

> **Szczepienia są jedyną bronią naprawdę skuteczną w ochronie dzieci przed sepsą.**

Nie wiemy, w którym momencie przyjdzie dołek immunologiczny (spadek odporności dziecka) i bakteria zaatakuje. Przemieści się szybko przez błonę śluzową do krwi i bytując we krwi maluszka, może doprowadzić do sekwencji zdarzeń zwanych sepsą. To nie jest choroba z książek, mówię o tym i rodzicom, i lekarzom. Jej przypadki na oddziale hospitalizujemy co najmniej jeden, dwa miesięcznie. Menigokoki są o wiele rzadsze. O tym, jakim dobrodziejstwem są szczepionki, niech poświadczy chociażby jeden fakt. Osiem lat szczepień – w 2008 r. zostało wprowadzone jako obowiązkowe szczepienie przeciwko Haemophilus influenzae (tzw. HiB). Tych kilka lat wystarczyło, abym przez ten czas nie widziała na oddziale ani jednego dziecka z sepsą czy z zapaleniem opon mózgowych wywołanymi przez tę bakterię. To nawet nie dziesięć lat, a jakie imponujące efekty! Tej choroby w tej chwili nie ma. Przeciwnicy zaraz powiedzą, że mikrobiologia nie zna próżni, że coś na to miejsce wejdzie. To nieprawda – zakażeń będzie globalnie mniej, ale rzeczywiście te, które pozostaną, będą inne, np. pneumokoki. Dlatego kolejne szczepienie do wprowadzenia to właśnie przeciw pneumokokom, bo szczepienie jest jedyną skuteczną ochroną przed nimi.

Dlaczego akurat pneumokoki?

Aneta Górska-Kot: Przede wszystkim przebieg choroby jest niecharakterystyczny. Jeśli maluch jest nosicielem pneumokoka – nigdy nie wiemy, czy niewinny zwyczajny katar, kaszel i gorączka, które właśnie się zaczynają, za trzy dni nie zmienią się w sepsę, jeśli pneumokokowi uda się prześlizgnąć do krwi. Może być wszystko dobrze i wystarczy miejscowa ochrona śluzówkowa dziecka, ale niestety bywa też inaczej. Z pneumokokami jest jeszcze inny problem. Bywa tak, że wyhodujemy pneumokoka z miejsca normalnie jałowego – jak krew, płyn mózgowo-rdzeniowy czy płyn z jamy opłucnowej. Laboratorium po kilku dniach wyda nam antybiogram, czyli wzór oporności/wrażliwości bakterii na antybiotyki. Na papierze, w wyniku, pneumokok jest wrażliwy na wszystkie testowane antybiotyki. Podajemy jeden z nich – leczymy dziecko. Po sześciu tygodniach idzie ono do domu, wyleczone, wszystko jest na pozór dobrze. Po roku okazuje się, że dziecko nie słyszy – prezent od pneumokoka na całe życie. To bardzo przebiegła bakteria. I takie historie przydarzyły się naszym pacjentom, na naszym oddziale – to nie historie z książek.

Co zrobić, jeśli podczas wyjazdu na wakacje przepadają terminy szczepień? Pojawia się problem: rodzice chcą odebrać kartę szczepień z przychodni i dowiadują się, że karta szczepień nie jest ich własnością.

Paweł Grzesiowski: Rzeczywiście, karta szczepień jest dokumentem medycznym. Rodzice mogą ją wypożyczyć, dostają wtedy oryginał za pokwitowaniem (np. na pół roku). Jeżeli przychodnia boi się wydać oryginał, to obowiązkiem ZOZ-u jest zrobienie kopii, napisanie: „za zgodność z oryginałem" i wydanie ksero. Historię choroby ze szpitala rodzice też mają prawo skopiować. Książeczka zdrowia też jest dokumentem medycznym, tyle że w rękach rodziców. Trzeba pamiętać, żeby bezwzględnie przynosić ją na każde szczepienie.

OSPA PARTY

Paweł Grzesiowski, pediatra

Uczestniczenie przez rodziców w tzw. ospa party jest dla mnie sprawą, która powinna być ścigana z urzędu jako świadome narażanie życia i zdrowia dziecka.

> Jeżeli spotkałbym rodzica, który z pełną świadomością wystawia dziecko na niebezpieczeństwo, uznałbym go za osobę nieodpowiedzialną. To szczyt bezmyślności.

Na szczęście nie znam osobiście takich matek i ojców, o ospa party czytałem tylko w internecie. I mam cichą nadzieję, że to miejska legenda. Ale rodzice antyszczepionkowi przekazują sobie wiadomości: „Nie szczep, bo naturalna odporność nabyta w trakcie choroby jest skuteczniejsza niż szczepienie". W związku z tym rzeczywiście potrafią swoje dzieci eksponować na ospę. Uważam to za niedopuszczalne. Jako rodzice mamy obowiązek opiekowania się dziećmi, a nie sprowadzania na nich chorób. Tym bardziej że nigdy nie wiemy, czy wirus nie rozwinie się w postać ciężką albo powikłaną. Każdy organizm jest inny. Gdybyśmy np. tysiącu dzieciom podali dawkę trucizny, nie będziemy wiedzieli, które z nich zareaguje gorzej, które z nich umrze, a któremu – po prostu nic nie będzie. A może dziecko zareaguje na ospę np. małopłytkowością, a w konsekwencji białaczką? Nigdy bym sobie nie wybaczył, gdyby dziecko zachorowało z mojego powodu i miało powikłania. Do końca życia miałbym wyrzuty sumienia.

PASOŻYTY

lek. Aneta Górska-Kot, ordynator
Oddziału Pediatrycznego Szpitala Dziecięcego
przy ul. Niekłańskiej w Warszawie
i Paweł Grzesiowski, pediatra

**Pasożyty u polskich dzieci.
To moda czy rzeczywistość?**

Aneta Górska-Kot: Moim zdaniem moda. My nie mieszkamy w kraju narażonym na ten problem. To raczej wielki kłopot Afryki i biednych państw Ameryki Południowej. Tam rzeczywiście można zobaczyć takie obrazki, jak kłębowisko glist usuwanych operacyjnie. Natomiast przy obecnym poziomie higieny, działań profilaktycznych w krajach cywilizowanych (my jednak do takich się zaliczamy) pasożyty nie są problemem spędzającym nam sen z powiek. Nie twierdzę, że ich nie ma. Ale nie jest tak, że każdy objaw u dziecka od razu kwalifikuje się do badań na obecność pasożytów. Tymczasem, nie wiadomo skąd, powrócił trend odrobaczania dzieci jak psów. Wielu pediatrów, a także homeopatów uważa, że dzieci trzeba odrobaczać co pół roku. Zadziwiające.

Paweł Grzesiowski: Rodzice niesłychanie często guglują hasło: „pasożyty u dzieci". Trafiają na fora internetowe, bo są zaniepokojeni, gdy dziecko ma podkrążone oczy, jest blade, nie chce jeść, ma alergię. Czytają, że trzeba wykonać badania na pasożyty. Idą do lekarza z gotową diagnozą. Oprócz tego są lekarze, którzy w ciemno mówią: tak, to są objawy pasożytnicze, należy dziecku dać leki. To bulwersujące, ponieważ nie jestem przyzwyczajony, że ludzi traktuje się jak zwierzaki i rutynowo stosuje środki na robaki. To nie są leki obojętne dla organizmu – wywołują sporo powikłań, gdy są nadużywane. Pasożytów szukamy wtedy, kiedy dziecko ma bóle brzucha, nawracające biegunki, przestaje rosnąć, ma niewyjaśnioną anemię.

Pasożyty trzeba najpierw znaleźć. Jak ich szukamy?

Paweł Grzesiowski: Poprzez specjalistyczne badania laboratoryjne. Próbkę kału wpuszcza się do urządzenia, które wykrywa pasożyty lub ich jaja. Są też badania, które wykonuje się z krwi, ale tylko dla niektórych pasożytów, jak tasiemiec. Jeśli nie potwierdzi się diagnozą, co to za pasożyt, nie można ustalić leczenia – nie ma uniwersalnego leku na wszystkie robaki. Poza tym tego typu kuracje należy powtarzać. Załóżmy, że dziecko ma glistę. Po siedmiu dniach kurację trzeba powtórzyć. Jeśli ma tasiemca czy owsiki – leczenie jest zupełnie inne. Nie wolno w ciemno co pół roku dawać dziecku jakiegoś leku na robaki.

Aneta Górska-Kot: Jeden lek nie zabije wszystkich pasożytów. To jest bardzo ważne. Według wszelkich danych statystycznych najczęstsze robaki to owsiki, lamblie, glista. Owsika widać. Trzeba go po prostu znaleźć w okolicy odbytu. Jak się dziecko troszkę rozgrzeje w nocy – gdy położy się pod ciepłą kołderkę, samice owsika wychodzą, żeby złożyć jaja, i wtedy trzeba rozchylić pośladki i na śluzówce odbytu, która ma inny kolor niż otaczająca skóra, widać małe niteczki. Przez jeden dzień możemy ich nie zauważyć. Ale jeśli sprawdzamy regularnie przez 10 dni i nie zobaczymy czegoś białego, to dziecko nie ma owsików. Ludziom, którzy się brzydzą, zaleca się, aby rano nakleić specjalną taśmę celofanową (można dostać w laboratorium) i wtedy jaja złożone w nocy przyklejają się do taśmy

– można je obejrzeć pod mikroskopem. Owsicę możemy leczyć kilkoma różnymi lekami. Glista też (na szczęście) łapie się na niektóre lekarstwa antyowsikowe. Nieraz bywa tak, że mama znajduje żywą glistę w stolcu dziecka, mimo że nie zauważyła wcześniej żadnych niepokojących objawów. Wtedy na pewno powinniśmy włączyć leczenie odrobaczające.

Ale już w przypadku lamblii leki przepisywane najczęściej na odrobaczanie nie poskutkują. Szukamy antygenu lamblii w kale – metoda ta jest superczuła. Pod warunkiem że w kawałku stolca, który oddajemy do badania, jest kawałek lamblii. Tak się dzieje tylko wtedy, kiedy zarobaczenie jest naprawdę duże. Jeśli nie jest, a u dziecka występują objawy labliozy, badanie kału może nie potwierdzić obecności pasożyta. Wiele lat temu byłam przekonana, że moje dziecko ma lamblie, bo córka zgłaszała bóle brzucha i miała okresowe wysypki. Szukałam ich uparcie. Znalazłam je dopiero w dziewiątej kupie! Wtedy dopiero podałam leki. Dlatego przy lambliach zalecam cierpliwość. I – uwaga! – lamblie lubią wracać.

Jeżeli słyszymy, że w przedszkolu czy szkole są robaki, możemy być zaniepokojeni?

Paweł Grzesiowski: Tak, wtedy warto się tym zainteresować. Ale tylko wtedy, gdy są objawy. Jeśli okaże się, że dziecko ma pasożyta, staramy się leczyć całą rodzinę.

Nie chcemy dziecku kupować np. psa, bo boimy się, że pasożyty przejdą na dziecko.
Paweł Grzesiowski: Bzdura. Większość pasożytów zwierzęcych nie atakuje człowieka.

> **Nie jesteśmy atrakcyjni dla zwierzęcych robaków.**

Wychowywanie dziecka w towarzystwie psa czy kota jest korzystne, uodparnia. Badania epidemiologiczne mówią, że dzieci, które często jeżdżą na wieś, chodzą po stajniach, mają kontakt ze zwierzętami hodowlanymi, są zdrowsze. Na bardzo wczesnym etapie kontaktują się z obcymi białkami i dlatego wzrasta ich odporność. Dzieci chowane pod sterylnym kloszem, w czystości, są podatne na alergię i mają gorszą odporność. Oczywiście może się zdarzyć, że u dziecka znajdzie się np. tasiemiec psi, ale to są bardzo rzadkie przypadki. Pasożyty atakujące zwierzęta wolą zwierzęta. Glista ludzka – preferuje ludzi. I – uwaga! – większość kotów nie ma toksoplazmozy, głównym źródłem toksoplazmozy jest zakażone mięso, a nie koty.

BOSTONKA

Paweł Grzesiowski, pediatra

Co to jest bostonka?

Bostonka to modna w internecie nazwa choroby wirusowej, która jest stara jak świat, ale ma nietypowy przebieg. Jej pierwszymi objawami jest wysypka w jamie ustnej. Dlaczego tam? Chorobę wywołuje wirus powodujący pęcherzykowe zapalenie skóry i błony śluzowej. Wysypka wygląda jak afty lub zapalenie jamy ustnej. Potem, wraz z przebiegiem choroby, pojawiają się bolesne lub swędzące pęcherzyki na dłoniach i na podeszwach stóp. Często są tak bolesne, że dziecko nie chce chodzić. Może dlatego ta choroba uważana jest przez wielu rodziców za ciężką. Jej objawami, oprócz pęcherzy, są gorączka, złe samopoczucie, brak apetytu, niepokój u dziecka, powiększone węzły chłonne. Na szczęście jest to po prostu wirus, który wymaga leczenia objawowego. Trzeba zwalczyć gorączkę i ból, karmić dziecko czymś letnim, płynnym, aby mogło połykać pomimo pęcherzyków w ustach. Uwaga! Często może być mylona z infekcją bakteryjną. Chore dziecko niepotrzebnie może dostać antybiotyk.

WSZY

Paweł Grzesiowski, pediatra

Wszawica... Zmora szkół i przedszkoli.
Bardzo częsta przypadłość w każdym dużym mieście. Kiedy dziecko ma wszy, rodzice są zbulwersowani i zawstydzeni. Chcę ich uspokoić: nigdy nie ogłoszono, że wszy zostały wytępione. One nie mają żadnych innych żywicieli z wyjątkiem człowieka. Dopóki są ludzie z wszami, dopóty wszy będą się rozprzestrzeniać. I nie jest to świadectwo biedy, brudu czy pijaństwa. To nie jest tylko przypadłość polska, tak samo jest w Anglii, Danii, Holandii, we Francji.

> **Zawsze ktoś do szkoły czy przedszkola przynosi wszy. Najczęściej po wakacjach. Dzieci są na wycieczce, śpią w wynajętym domku, a tam ktoś zostawił wszy na poduszce, albo inne dziecko przywiozło pasożyta z domu.**

Wesz nie rozpoznaje statusu społecznego...

Wystarczy mieć długie, ciemne albo kręcone włosy. Dodajmy, że czyste i zadbane, bo wszy to nie jest kwestia brudu. Znalezienie insektów w takich włosach jest niemożliwe. Przez długi czas osoba nawet nie wie, że nosi na głowie „coś". Wszy nie idą od razu do skóry, nie gryzą. Najpierw zagnieżdżą się, złożą jajka i dopiero potem przystępują do ataku.

Nie wstydzić się? Przyznać się wychowawczyni w szkole: „Moje dziecko ma wszy"? Powiedzieć o tym innym rodzicom?

Oczywiście, ukrywanie tego faktu tylko opóźni walkę z pasożytem i narazi więcej osób na zakażenie. Na szczęście na rynku są skuteczne preparaty. Najlepszym lekiem jest dimetikon – środek, który powoduje, że wesz jest oklejona krzemowym polimerem i nie mogąc się poruszać, ginie. Unieruchamia również gnidy, ale ich nie niszczy. Trzeba je wyczesać ręcznie albo za pomocą grzebyka. W aptekach jest mnóstwo preparatów, które obiecują: „Nanieś na 15 minut, spłucz i problem z głowy". To nieprawda. To musi trwać dłużej, bo nawet środki chemiczne zabijające wszy wymagają kilku godzin.

Jak nakładamy skuteczny preparat?

Dimetikon jest nieszkodliwy dla człowieka. Smarujemy głowę na noc, dziecko idzie spać. Rano myjemy mu głowę. Powtarzamy kurację po tygodniu, w tym czasie dwa–trzy razy dziennie wyczesujemy gnidy. I dopiero wtedy walka z pasożytami ma sens. Jednocześnie pierzemy pościel i bieliznę osobistą oraz ręczniki w temperaturze 60 stopni.

WADY POSTAWY

Paweł Zawitkowski, fizjoterapeuta

Jakie wady postawy mają dzieci w wieku przedszkolnym?

W większości nie mają jeszcze wad postawy. Z wyjątkiem rzadkich wad strukturalnych układu kostno-stawowego i mięśniowego czy zaburzeń neurologicznych. W wieku przedszkolnym występują tylko mniej lub bardziej dynamiczne okresy w adaptacji ciała do zmieniających się warunków. A w trakcie takich okresów ciało chaotycznie się zmienia, zmieniając, przejściowo, nie tylko postawę, ale też sposób np. poruszania się.

Dlaczego?

Dzieci bardzo szybko rosną, zmienia się ich waga. Jeżeli dziecko urośnie kilka centymetrów w krótkim okresie, zmieniają się kompletnie stosunki anatomiczne jego ciała, a co za tym idzie, jego czucie, wzorce postawy i ruchu. Ale! Uwaga! Przejściowo, co oznacza, że przy odpowiedniej aktywności fizycznej, odżywianiu, odpowiednich nawykach i higienie codziennego życia ciało odzyskuje „tkliwą" równowagę. Najszybciej rosną kości, potem mięśnie, ale zmienia się też obraz ciała, jego wewnętrzne czucie. Dla jednych to czucie głębokie, ale prawda jest dużo bardziej skomplikowana. Chodzi o globalne czucie ciała, jego neurobiomechaniczną organizację. Dla dziecka każdy wzrost lub zmiana wagi to zaburzenie swego rodzaju wewnętrznej równowagi. Musi coś z tym zrobić. Zazwyczaj jego ciało próbuje za wszelką cenę powrócić do tego, co zna, co było bezpieczne i opanowane. Dzieci zaczynają podświadomie obniżać środek ciężkości, garbić się, skręcać albo wypinać brzuch, albo koślawić kolana i stopy, albo skręcać je do środka. Często pierwszym pytaniem, jakie zadajemy rodzicom, którzy do nas przychodzą, jest: „Ile dziecko urosło w ciągu ostatniego pół roku?". I wtedy zaskoczenie, bo tego... nie wiedzą. Albo zadaję pytanie: „Co się stało, że dziecko zmieniło się w sposób, który ich tak niepokoi?". „No tak, rzeczywiście, dziadek umarł" – mówią rodzice. Albo: „Tato zmienił pracę i dziecko go widzi raz w tygcdniu", „W wieku 2 lat poszło do grupy w przedszkolu", „Zmieniła się opiekunka w grupie przedszkolnej", „Przeprowadziliśmy się", „Dziecko zaczęło się jąkać, moczyć, bić kolegę, wycofywać się z aktywności w grupie, przestało rysować" itp. Dziecko reaguje totalnie, swoim umysłem, zachowaniem, ciałem. Ciałem, bo jest istotą psychosomatyczną i ciało jest obrazem tego, co się dzieje w jego emocjach i psychice. Na przykład zaczyna się garbić albo chodzić na palcach. Potem się okazuje, że wcześniej chodziło dobrze, a teraz czasami chodzi albo biega na palcach.

Bo chce szybciej?

Bo jest szybkie, ale chce jeszcze szybciej. Po prostu od razu staje na palcach, napina całe ciało i biegnie. Albo zakłada stopy do środka. Dziecko kombinuje: „Nauczyłem się biegać i mam kompletnie w nosie, jak to zrobię. Na dodatek ktoś dał mi sztywne, twarde buty, w których nie da się biegać. Muszę je nosić, a nie da się w nich biegać. Utrudniają mi bieganie, więc stawiam stopy do środka". Ale ponieważ trudno mu chodzić ze stopami ciągle skierowanymi do środka, skręca jeszcze miednicę i tułów, a wtedy, w wyniku takiego skręcenia, jedna stopa skierowana jest do przodu, a druga – do środka. Rodzice mówią: „Na początku stawiał obie stopy do środka, a teraz się polepszyło, bo jedna się wyprostowała". Nie wyprostowała się, tylko miednica się skręciła. Dla terapeutów to jest dzwon alarmowy! Alarm, że dziecko zaczęło budować mechanizmy wprost prowadzące do wad postawy. Dlaczego? Dlatego, że ktoś nieprawidłowo rozpoznał problem, dał mu nieopatrznie sztywne, twarde, wysokie buty, argumentując to tezą, że odpowiednie obuwie jest w stanie skorygować ustawienie stóp. Dramat! A mówiąc wprost – brak wiedzy i bezmyślne kalkowanie niesprawdzonych i nieprawdziwych zaleceń nie tylko nie rozwiązuje problemu, ale też może go pogłębiać. Wniosek? To właśnie bezmyślne zalecenia kadry medycznej wzmacniają mechanizmy prowadzące do wad postawy. I dotyczy to całej gamy zaleceń i mitów dotyczących zdrowia dzieci.

To nie jest popularne zdanie...
Nic na to nie poradzę. Tak się dzieje. Szerokie pieluchowanie, wkładki, ubogi wachlarz pomysłów na aktywność fizyczną pt. pływalnia i rower, żenada...

Propagujesz wszędzie, gdzie się da, ciągły ruch dzieci. Dlaczego to ma takie znaczenie?
Podam choćby taki nieoczywisty przykład.

> Wszyscy w szkole mają pretensje, że dziecko nie pisze dobrze, pisząc, zaciska wargi, wychodzi poza linijki... albo za mocno zaciska długopis. Dlaczego tak się dzieje? Rzecz i prosta, i skomplikowana. W większości przypadków to niedostatek i brak odpowiednich doświadczeń, jeśli chodzi o globalną motorykę.

Dzieciaki ruszają się za mało, mają mnóstwo ułatwień, począwszy od wibrująco-huśtająco-dzwoniąco-szemrzących leżaczków, po podjeżdżanie do szkoły 500 m samochodem. Aktywność ruchowa jest uboga, a w związku z tym globalna motoryka dzieci jest uboższa niż kilka pokoleń wcześniej. Niedostatki w motoryce globalnej są głównym źródłem niedostatków motoryki precyzyjnej, często też przyczyną nadrozpoznawania zakłóceń w organizacji i koordynacji ruchowej. Im gorsza motoryka w całym ciele, tym trudniejsza kontrola i precyzja ruchów. Do tego dodajmy emocje i poziom wymagań, które są nieadekwatne do poziomu umiejętności i zainteresowań dziecka. Na przykład mocniejsze zaciskanie ołówka i kredki. Dziecko ściskając ołówek, stabilizuje się ołówkiem...

Używa go jako dodatkowej podpory.

Tak. I tak samo jak my, dorośli, kiedy się denerwujemy, zaciskamy kciuki albo zaczynamy potrząsać nogami, unosimy ramiona albo zaciskamy zęby. To jest dokładnie ten sam mechanizm. Jeśli dziecko ma deficyty w globalnej motoryce, musi zaciskać dłoń na ołówku albo na kredce, a wtedy rysuje nieprecyzyjnie i wychodzi poza linie. Dodawanie mu kolejnych szlaczków czy linii do narysowania pogarsza sytuację. Maluch się znowu denerwuje, zaciska ołówek, wychodzi poza kolejną linię i tak w koło Macieju... Im bardziej się denerwuje, tym bardziej się napina, im bardziej się napina, tym gorzej rysuje. Poza tym zobacz, jak bardzo rzadko my sami rysujemy i piszemy z dziećmi.

> **Dziecko już przed przyjściem do szkoły powinno malować dużym pędzlem na ścianie swoje imię albo imię swojego psa, albo imiona mamy i taty, albo samochód, albo wóz, albo buraka, cokolwiek. Ale nie długopisem czy kredką, tylko ma wziąć duży pędzel malarski albo zwykłego mopa i na oklejonej przezroczystą folią ścianie malować bałwanka czy królową Elsę z Krainy Lodu.**

Na podłodze można rozłożyć mu folię malarską, żeby rysowało pędzlami, dłońmi czy całym swoim ciałem na dużym papierze. Powinno bawić się rękami, lepić z gliny, z modeliny. Im więcej tych praktyk ruchowych wcześniej, tym lepsza kaligrafia później. Nie możemy oczekiwać, że dziecko usiądzie i nauczy się w ciągu dwóch miesięcy pisać, jeśli nic albo niewiele robiliśmy z nim wcześniej.

W którymś z włoskich miast jest festiwal flag. Ferrara...? Takich festiwali żonglowania flagami jest pewnie więcej, bo tradycja sięga średniowiecza. Tzw. sbandieratori żonglują flagami w sposób zachwycający i wręcz cyrkowy. My takie zajęcia robimy z dziećmi w przedszkolu. To wzmacnia ich motorykę, a zwłaszcza obręcz barkową i tułów. Dzięki temu mają bardzo dobrą stabilizację tułowia, bogatą motorykę globalną, wyobrażenie, czucie, organizację, koordynację ruchu, a dłonie i nadgarstki śmigają. Do tego to superzabawa ☺ Później nie mają żadnych problemów z kaligrafią – ale trzeba to robić w przedszkolu albo wcześniej w domu. Kto z rodziców daje szarfy, żeby dzieci naśladowały gimnastykę artystyczną? Nikt, a to jest podstawowe ćwiczenie do kaligrafii.

Lecę do sklepu po szarfy!

To dokładnie ta sama zasada co z rowerkami biegowymi. Dzieciaki, które przez dłuższy czas jeżdżą na rowerkach biegowych, z automatu przesiadają się na tradycyjne rowerki bez żmudnej nauki równowagi. A wracając do kaligrafii ☺ Można też bić się na miecze świetlne. Trzeba kupić styropianową albo polietylenową rurę o dwumetrowej długości. Taki miecz ma bardzo dużą bezwładność i dziecko samo musi ćwiczyć nadgarstki.

Czyli musi być to coś lekkiego.

Ale fantastycznego, coś, co dziecko pociągnie za sobą, zainteresuje. Wszystko, tylko nie nudne: „Narysuj mi A albo J albo ALA MA PSA". Poza tym to zadanie, które niesie za sobą sytuację egzaminu, sprawdzianu, korygowania. A my chcemy się bawić – rysujemy z dzieckiem na piasku. Gramy w bierki, hacele (inaczej: sztole, sztulki, sztule, ciupy, krypcie, koble ☺).

Bo dzisiaj u dziecka najbardziej wyćwiczony jest kciuk?

Dzieciaki dzisiaj głównie operują ekranami dotykowymi. I dobrze... Żyją w takim świecie, więc nie wymagajmy tego, by zachowywały się, jakby żyły w średniowieczu. Zdecydujmy: albo chcemy, żeby nasze dziecko było i zdolne, i sprawne, i nowoczesne. Albo chcemy, żeby było wykluczane i z opóźnieniem, nie rozumiem dlaczego, przechodziło całą elektroniczno-internetową edukację. Po co? Mamy tworzyć człowieka XXII wieku! Ale inaczej, mądrze...

Co proponujesz?

Dajmy mu ekrany dotykowe. Ale – uwaga – oprócz tego zafundujmy mu doświadczenia ruchowe i zabawy, i aktywności, o których mówiłem – w megawymiarze. Od rana do wieczora.

Czyli: zaczynamy zaraz po obudzeniu się, bo dziecko będzie lepiej się budziło, wiedząc, że przed owsianką i przed pójściem do szkoły będzie działo się coś świetnego.

Na przykład miecze świetlne.

Na przykład miecze świetlne. Albo tarzanie się w łóżku, albo trampolina, albo podciąganie się na trapezie.

> Tata zamiast poprawiać sobie kołnierzyk koszuli przez 20 minut i robić kawę, niech pobawi się z dzieckiem w zwariowany sposób, „wypruje" je fizycznie przez 15 minut, a potem zmęczeni umyją się, zjedzą owsiankę i pójdą do szkoły i pracy.

Dziecko chętniej będzie szło do przedszkola, jeśli tam będzie skakanka, gra w gumę, hula-hop i miecze świetlne. Powinny być tam drabinki sznurowe, piłki, na których dzieci będą skakały. Tylko niech każdy rodzic podpisze zgodę, że nie będzie się wściekał, jak jego dziecko przyjdzie z guzem z przedszkola albo brudne, albo w podartych spodniach. Pani przedszkolanka musi wyjaśnić: „Pani dziecko podarło sobie spodnie, bo się świetnie bawiło i spadło na asfalt, ale opatrzyliśmy ranę, żyje i nie będzie kulało". Ważne jest nie to, ile par spodni podarło, tylko to, czy dziecko jest szczęśliwe, czy nie.

Przyznam, że nie wyobrażam sobie porannego tarzania się...

Rodzice muszą znaleźć dla dziecka czas w swojej głowie, nie tłumaczyć się zegarkiem. I dać mu czas, by mogło się rozwijać w swoim tempie. I powinni bardziej wierzyć we własny instynkt i umiejętności. Żyjemy w czasach poradników i superporad w internecie. Ktoś, kto bezgranicznie wierzy w internetowe porady, ma problem. Najczęstszym błędem rodziców jest sadzanie dziecka przed telewizorem. Kto teraz gra w gumę czy gra w zośkę? Na szczęście powstaje wiele bezpiecznych placów zabaw dla maluchów czy sal zabaw, w których dzieciaki mogą robić naprawdę szalone rzeczy. Warto, drodzy Rodzice, od początku życia dziecka promować pewne nawyki, które mogą zapobiec zbytniemu lenistwu ich ciał, a w okresach szczególnie groźnych dla harmonijnego dojrzewania aparatu ruchu serwować dzieciom zwiększoną dawkę ruchu. Szczególnie ważny jest okres niemowlęcy, ale też przedszkolny i wczesnoszkolny. Dlatego warto przyjąć zasadę, że niezależnie od ilości zajęć ruchowych w przedszkolu, aktywności ruchowej dziecka zawsze jest za mało.

Kiedy możemy stwierdzić: „Moje dziecko ma wadę postawy"?

Zanim odtrąbimy alarm i stwierdzimy wadę u dziecka, warto być tego w stu procentach pewnym. Stwierdzenie wady u dziecka „stygmatyzuje". Przykładem niech będzie nadrozpoznawalność koślawości stóp i kolan. W okresie przedszkolnym, dynamicznym okresie dojrzewania i wzrostu, kiedy mięśnie nie są jeszcze wystarczająco dojrzałe, możemy obserwować zapadanie się wewnętrznych stron stóp i kolan, a w konsekwencji wypinanie brzuszków, rotowanie nóg do środka itp. Często okazuje się, że struktura stóp i kolan jest prawidłowa, tylko niedojrzałe mięśnie nie są w stanie przy dynamicznie zmieniających się stosunkach anatomicznych obsłużyć tych stawów. Nie są w stanie zapracować przeciwko sile grawitacji.

> Wielu rodziców popełnia koszmarny błąd i unieruchamia, zabezpiecza stopy przy użyciu wkładek, skośnych obcasów, sztywnych, wysokich butów – specjalistycznego, ortopedycznego obuwia. To przynosi dokładnie odwrotny skutek. Ograniczenie dynamicznej ruchomości w stawach stóp i kolan, zmiana mechaniki ruchu, którą to obuwie narzuca, potęguje tylko nieprawidłowości.

Czyli co robimy zamiast kupowania butów ortopedycznych?

Robimy tak, żeby dziecko jak najwięcej biegało, skakało i się wspinało. Grało w klasy, w gumę, skakało na trampolinie i skakance, jeździło na wrotkach, hulajnodze, rowerze, chodziło do parków linowych i na huśtające się platformy. I w domu, i na zewnątrz.

Jeśli w przedszkolach nie ma możliwości zaaranżowania takich zajęć, to trzeba je stworzyć, a już na pewno nie zastępować ich nakazami noszenia obuwia korekcyjnego. Ruch ma być dynamiczny, zmienny, szybki, a proste, leniwe zajęcia korekcyjne nic tu nie pomogą. Zajmują jedynie czas i dają zdradzieckie poczucie, że coś się robi, by dziecku pomóc.

Rodzice często o to pytają: w jakiej pozycji dzieci powinny siedzieć na dywanie – w siadzie skrzyżnym czy klęcznym? Czy obie pozycje są poprawne?

Najlepszym rozwiązaniem jest takie aranżowanie zajęć, by dzieciaki w ciągu dnia siadały, korzystając z różnych siadów. Każda wersja jest dopuszczalna, byle tylko je zmieniać. Z tego można nawet zrobić zabawę. Wielość różnych doświadczeń przynosi najlepszą jakość.

Siad skrzyżny jest przereklamowany i nadużywany. Nikt nie zmusi małego dziecka do siedzenia w tej pozycji prawidłowo dłużej niż kilkanaście sekund. Poza tym, by taki siad był sensowny, należałoby siedzieć na lekkim podwyższeniu (twarda poduszka, może być dmuchana, 5–10 cm). Siad turecki bez takiej podkładki pod pupą dziecka jest nieporozumieniem i przynosi więcej złego niż dobrego. W rezultacie dzieciaki się garbią, krzywią, kulą ramiona, wysuwają do przodu głowy i brody. Dajmy temu spokój. Im więcej różnych technik siadania – tym lepiej, włączając w to również siad płotkarski, asymetryczny, kuczny, jakikolwiek.

W jaki sposób rodzice mogą zachęcić dzieci do trwałego nawyku przyjmowania prawidłowej postawy?

Dziecko nie rozumie wagi naszych uwag i próśb o przyjmowanie prawidłowej postawy, a rodzicielskie upominania odbierane są jak nękanie. Mówienie: „Siedź prosto" jest koszmarem naszego dzieciństwa. Jedynym skutecznym sposobem nie jest powtarzanie: „Siedź prosto", tylko odpowiednie organizowanie otoczenia, zabaw, przestrzeni, czasu i animowanie dziecięcej aktywności. Począwszy od obowiązkowego, codziennego odwiedzania placów zabaw, przez gry w gumę, zapasy z tatą, tańce z mamą, jazdę na rowerkach, siedzenie w domu na piłce, a nie na krześle czy pufie. Z dziećmi chodzimy na pływalnię raz, dwa razy w tygodniu przez całe dzieciństwo. W domu robimy dziecku mały małpi gaj z platformą, linami, sznurowymi drabinkami, piłką, z trapezem itp.

> I uwaga! Całkowite uaktywnienie dziecka to nie jest godzina rytmiki i pół godziny na placu zabaw, tylko 4–5 godzin codziennego survivalu, czyli aktywności, po której dziecko samo pada z nóg.

CO W DOMOWEJ APTECZCE?

Paweł Grzesiowski, pediatra

Jakie lekarstwa powinny się znaleźć w naszej domowej apteczce?

Leki na najczęstsze dolegliwości, które można zaordynować samodzielnie, zanim pojedziemy do lekarza, czyli leki na gorączkę, uczulenie, oparzenie, biegunkę, ból. Paracetamol, ewentualnie ibuprofen, aerozol na oparzenia, lek antyhistaminowy bez recepty na alergie, węgiel medyczny, probiotyk, płyn do nawadniania przy biegunce, środki odkażające, np. na bazie oktenidyny czy wody utlenionej, podstawowe materiały opatrunkowe – plaster, bandaż, opaska uciskowa.

Również na wyjazdy w dalekie kraje?

Staramy się nie brać ze sobą leków „twardych", takich jak antybiotyk, chyba że mamy dziecko, które choruje na nawracające zakażenia, np. pęcherza moczowego czy oskrzeli, gdy ma astmę. Oczywiście należy zabrać te leki, które cały czas zażywa.

Jak podawać leki dzieciom w wieku przedszkolnym?

Skutecznie. Lepiej podać płyn, ponieważ wchłania się od momentu jego podania. Tabletka, twarda czy miękka, zanim zacznie działać, minie trochę czasu.

> **Dziecko do 10. roku życia raczej nie połknie tabletki. Poza tym może się zachłysnąć, zakrztusić, tabletka poleci nie tam, gdzie trzeba, i wtedy mamy nowy kłopot. Dla małych dzieci są syropy i czopki.**

Dla starszych mogą być tabletki. Staramy się nigdy nie podawać lekarstwa w trakcie jedzenia. Lek dajemy godzinę przed jedzeniem albo po nim. Tak, żeby żołądek był już pusty. I zawsze popijamy wodą, żadnych soczków ani mleka.

Które leki możemy rozkruszać, a które nie?

W ulotce jest napisane, czy wolno rozkruszać, czy raczej połykać w całości. Rozkruszyć można tylko te, które mają napisane, że są tabletką miękką. Wszystko to, co powleczone twardą glazurą, nie może być kruszone. Głównie dlatego, że część leku zostanie zniszczona w żołądku.

RODZICE W SZPITALU

lek. Aneta Górska-Kot, ordynator
Oddziału Pediatrycznego Szpitala Dziecięcego
przy ul. Niekłańskiej w Warszawie
i Paweł Grzesiowski, pediatra

Jak na oddziale pediatrycznym powinni zachowywać się rodzice, żeby nie przeszkadzać, ale być branym pod uwagę przez lekarzy? Czy rodzice mogą być przy wszystkich badaniach, pobieraniu krwi itd.?

Aneta Górska-Kot: Obecność rodziców jest kluczowa. W Karcie Praw Dziecka istnieje przepis mówiący o tym, że rodzice mają prawo być cały czas z dzieckiem w szpitalu. Każdy z nas intuicyjnie czuje, że dziecko lepiej wtedy znosi całe okropieństwo pobytu w tym miejscu. Pobyt rodzica w szpitalu jest plusem, ponieważ łagodzi cierpienia dziecka. Nie ma już w Polsce szpitala, w którym by to było niemożliwe. Chociaż, oczywiście, warunki socjalne i bytowe dla rodziców pozostawiają w wielu miejscach wiele do życzenia.

Rodzice są dla nas, lekarzy, bardzo pomocni. Idealny rodzic to taki, który dziecko otula swoją miłością, a jest niewidzialny dla naszych zabiegów. I umie przygotować dziecko np. do założenia wenflonu. To bardzo ważne. Dziecko, które nie jest oszukane i które wie, co się z nim będzie działo, mniej się boi nieznanego. Jak już jest po zabiegu, np. nakłuciu lędźwiowym, po założeniu wenflonu, rodzic może przytulić, ulżyć w bólu, którego dziecko doświadczyło. Niech rodzice tłumaczą, co będzie się działo w czasie zabiegu, żeby dziecku zmniejszyć poziom strachu, a potem tulą i pocieszają. Rodziców wypraszamy tylko wtedy, gdy zabiegi odbywają się na bloku operacyjnym. Drugim momentem jest nakłucie lędźwiowe – dziecko musimy odpowiednio ułożyć i przytrzymać, a często rodzice tego nie rozumieją.

> **Mama, która płacze razem z dzieckiem, to żadna pomoc. Nawet jeżeli jej się serce kraje i chce jej się ciągle płakać, powinna się powstrzymać. Płacząc, pogłębia strach i poczucie niepewności u dziecka.**

Jaki jest idealny komunikat wysyłany dziecku?

Aneta Górska-Kot: Fenomen małego dziecka polega na tym, że ma krótką pamięć nieprzyjemnych zdarzeń. Szybko zapomina o upadku i tak samo o zastrzyku. Tylko trzeba o to zadbać. Warto powiedzieć dziecku, że np.: „To może zaboleć, ale ja zawsze będę przy tobie, będę cię trzymać na kolanach, muszę cię przytrzymać mocniej, żeby łatwiej i szybciej było paniom założyć motylka (czyli wenflon), który będzie pił. Pamiętaj, że cały czas jestem przy tobie. Czuję to wszystko, wiem, co się będzie działo, ale możesz na mnie zawsze liczyć i nawet jeśli przez chwilę zaboli, to potem nie będzie bolało, i to jest po to, abyś szybciej był zdrowy". Dziecko, które to usłyszy, może nawet czasem do końca nie zrozumie, o co chodzi, ale gdy widzi mamę uśmiechniętą, spokojną, wie, że sytuacja jest opanowana. Na matce płaczącej, rozhisteryzowanej, trudno jest się oprzeć.

Ale jak opanować emocje, gdy się słyszy od lekarza: „Nie wiem, co się będzie dalej działo"?

Aneta Górska-Kot: Takie rozmowy też czasem są przeprowadzane, kiedy musimy powiedzieć rodzicom, że nie wiemy, czym się skończy zabieg, czy uda nam się na pewno wyleczyć dziecko, ale dołożymy wszelkich starań, żeby było lepiej. Oczywiście mówimy to bez obecności dzieci, rodzice często wtedy płaczą, muszą dać upust emocjom. I to jest OK, bo dziecko tego nie widzi. Powtarzam, bo to bardzo ważne – przy chorym dziecku rodzice muszą być spokojni, uśmiechnięci, nie mogą przenosić swoich wątpliwości, lęku i emocji na dziecko. Wypłakać się mogą na zewnątrz, ale nie przy dziecku. Przy dziecku mają dawać nadzieję, siłę, pomoc, wsparcie. To są kluczowe słowa, które rodzice powinni mieć w głowie.

Paweł Grzesiowski: My podczas wizyt dzieci w gabinecie czy przy szczepieniach stosujemy wszelkie dostępne metody zwalczania bólu i stresu, bo wiemy, że to działa. Puszczamy bajki z komputera, piosenki dla dzieci, wszędzie leżą kolorowe zabawki, pielęgniarki mają na bluzkach śmieszne wzorki, a zawsze w biurku jest słodki przysmak. To działa nie tylko na dzieci, ale i rodziców, którzy widząc to wszystko, odprężają się i przenoszą swój spokój na dziecko. Udowodniono w badaniach klinicznych, że osoby, których uwaga jest rozproszona, najlepiej przez coś wesołego, słabiej i krócej odczuwają ból. Dlatego warto zrobić każdy wysiłek, żeby nie bolało...

Rodzice roszczeniowi w szpitalu – jak sobie z nimi radzicie?

Aneta Górska-Kot: Roszczeniowi rodzice budzą automatyczną agresję personelu. Roszczeniowość wcale nie poskutkuje lepszą opieką nad dzieckiem – wręcz przeciwnie. Lekarzom i pielęgniarkom czasami trudno oddzielić poirytowanie na rodzica od jego dziecka. Matka czy ojciec, którzy wchodzą i od drzwi mają pretensję o wszystko, nie wzbudzają dobrych uczuć. I to może się odbić na dziecku. Co innego, jeśli spokojnym, rzeczowym tonem opowiadają, co się dzieje z maluchem. Jasne, że lekarze powinni być empatyczni, w końcu wybrali ten zawód. Natomiast rodzice mogą trafić na 25. godzinę pracy jakiegoś specjalisty, który przed nimi przyjął dziecko, np. po bardzo ciężkim wypadku, i czuje się totalnie wypompowany psychicznie i fizycznie.

Czyli inaczej: matka pilnująca dobra swojego dziecka to nie matka z ciągłymi pretensjami.

Aneta Górska-Kot: Powinna dociekać i dopraszać się tego, czego potrzebuje. Natomiast sposób i forma są bardzo ważne. Niedopuszczalne jest krzyczenie na lekarza czy pielęgniarkę.

Czy rodzice mają prawo do wglądu w historię choroby swojego dziecka w szpitalu cały czas?

Aneta Górska-Kot: Tak. Przez cały okres pobytu malucha w szpitalu i potem mają prawo wglądu w dokumentację medyczną dziecka, prawo do kserowania wyników i ich oglądania.

ZDROWE ZĘBY

Iwona Gnach-Olejniczak, stomatolog

Jak powinna wyglądać prawidłowa higiena zębów dzieci w wieku przedszkolnym?
Już wówczas należy uświadamiać dziecku, jak ważne jest regularne czyszczenie zębów i że fatalny wpływ na zęby mają słodycze.

> Niestety wielu rodziców wciąż uznaje za poważne dopiero zęby stałe. Tymczasem stan mleczaków ma bezpośredni wpływ na to, w jakiej kondycji będą zęby stałe, jak będą rozrastać się żuchwa i szczęka, a w konsekwencji cały profil twarzy dziecka. Bakterie, które doprowadzają do próchnicy, nie znikają z jamy ustnej wraz z wypadnięciem lub usunięciem mleczaków, lecz swobodnie przenoszą się na zęby stałe.

Dlatego o zęby mleczne przedszkolaka trzeba bezwzględnie dbać, lakować je i plombować, gdy pojawią się ubytki, a nawet leczyć kanałowo. Mleczaki zabezpieczają przestrzeń w łukach pod przyszłe zęby stałe. Jeżeli usuniemy zęby mleczne, zaburzymy prawidłowy rozwój szczęki i żuchwy, które staną się nienaturalnie wąskie. A to będzie miało wpływ na wygląd naszego dziecka.

W utrzymaniu prawidłowej higieny kluczowe jest skuteczne usuwanie płytki nazębnej. Szczotkowanie oprócz usuwania płytki ma także inny cel – miejscową aplikację fluoru zawartego w paście. To ważne, ponieważ w wieku przedszkolnym, w okresie uzębienia mieszanego powierzchnie styczne mlecznych zębów trzonowych (czyli te, którymi zęby stykają się ze sobą) są szczególnie narażone na powstawanie próchnicy. Dlatego rodzice powinni nauczyć się oczyszczać dzieciom te okolice za pomocą nici dentystycznych. Starsze dzieci mogą samodzielnie nitkować zęby, pomagając sobie specjalnymi trzymadełkami.

Podstawą higieny jest przyzwyczajenie dziecka do picia wody – i to od najmłodszych lat. Woda jest zbawienna dla higieny jamy ustnej: wypłukuje zalegające jedzenie spomiędzy zębów, oczyszcza szkliwo i dziąsła, wpływa pozytywnie na skład śliny i normalizuje pH w jamie ustnej dziecka.

Trzeba oduczyć rodziców – powtarzam rodziców – od podsuwania dzieciom soków i słodkich napojów. Obok higieny ważna jest dieta. Słodkie soki zamiast wody, papkowate pokarmy zamiast twardych warzyw i owoców do chrupania, śmieciowe, nieurozmaicone jedzenie, węglowodanowe przekąski podczas długotrwałego oglądania telewizji – to prawdziwi winowajcy epidemii próchnicy.

Jak często dziecko powinno myć zęby?

Dwa razy dziennie.

Płukanki od kiedy?

Od 6. roku życia, przeznaczone specjalnie dla dzieci. Nie zawierają one alkoholu, mają przyjemny smak i zapach. Docierają do trudno dostępnych miejsc, normalizują florę bakteryjną i chronią szkliwo zębów przed działaniem kwasów.

Jak często maluch powinien odwiedzać dentystę i jak przygotować go do takiej wizyty?

Po raz pierwszy trzeba zabrać dziecko do dentysty tylko dla towarzystwa, kiedy mama sama wybiera się na przegląd czy plombowanie. Półtoraroczny maluch obejrzy gabinet, zobaczy (koniecznie) uśmiechniętą mamę na fotelu, posiedzi w nim chwilę, dotknie wszystkich instrumentów, zobaczy, jak pracują. Może się okazać, że następnym razem nie będzie mógł się doczekać swojej wizyty u dentysty. Im więcej bezstresowych obecności dziecka u dentysty, tym lepiej. Gdy dojdzie już do właściwej wizyty, należy poinformować dziecko o jej celu, opowiedzieć, co będzie się działo, można wcześniej obejrzeć wspólnie edukacyjną książeczkę lub bajkę. Dzieci czują się bezpiecznie, gdy znają kolejność czekających je wydarzeń. Błędem jest uspokajanie na wyrost, gorące zapewnianie, że dentysta nie wyrządzi krzywdy lub że nie będzie przeprowadzał bolesnych zabiegów.

> Dziecko pod wpływem sugestii intuicyjnie wyczuje zagrożenie, że leczenie stomatologiczne może być nieprzyjemne. Dlatego nie strasz go dentystą, na przykład gdy odmawia mycia zębów lub pochłania kolejną porcję cukierków. W ten sposób w głowie malucha powstaje wizerunek stomatologa, groźnego jak najbardziej zła czarownica z bajki. Trudniej mi potem go przekonać, że tak naprawdę jestem dobrą wróżką ☺

Warto wybrać się do dentysty przed południem, kiedy dziecko nie jest śpiące. A jeśli maluch będzie miał dość wizyty, należy po prostu ją skrócić. Nie jest najważniejsze zrealizowanie planu, lecz utrzymanie dobrego kontaktu, co zaprocentuje na przyszłość. Oczywiście dzieci kochają nagrody – stąd wszelkie dyplomy i naklejki dla dzielnego pacjenta są jak najbardziej wskazane – bez względu na to, czy maluch rzeczywiście był dzielny, czy tym razem mu się nie udało do końca.

Jaki jest najgorszy wróg zębów naszych najmłodszych?

Zdecydowanie cukier. Należy unikać słodyczy, słodkich jogurtów, słodzonych napojów, nawet tych przeznaczonych dla dzieci. Wiele z nich ma w składzie więcej cukru niż napoje typu coca-cola. Już niemowlęta dostają słodkie mieszanki, herbatki i kaszki. Potem w żłobku, przedszkolu, szkole dosładza się dania, zakładając, że słodkie będzie dziecku bardziej smakować. Ale na cenzurowanym są nie tylko słodycze, lecz także wszelkie złe węglowodany, czyli białe pieczywo, chipsy, frytki, produkty z mąki pszennej, takie jak drożdżówki, ciasta, biały makaron, biszkopciki itd. Wszystkie te produkty wywołują szybki spadek pH w jamie ustnej, co sprzyja demineralizacji szkliwa. Przyjmuje się, że obniżony poziom pH utrzymuje się około godziny po zjedzeniu posiłku węglowodanowego. Częste spożywanie takich produktów powoduje, że w jamie ustnej cały czas utrzymuje się środowisko sprzyjające rozwojowi próchnicy. Wysoko przetworzone produkty węglowodanowe mają dodatkowo lepką konsystencję, przez co przyklejają się do zębów i dłużej zalegają w bruzdach między zębami. Jak tego uniknąć? Uczymy dziecko płukać jamę ustną po posiłku wodą, żuć gumę bezcukrową, np. z ksylitolem (tylko przez kilka minut po posiłku). I przerzucamy dietę całej rodziny na dobre węglowodany – surowe warzywa i owoce, produkty z mąki pełnoziarnistej, brązowy ryż, warzywa strączkowe. Właściwa dieta to podstawa zdrowego uzębienia.

> **A miłość do słodyczy? Rodziców małych pacjentów namawiam do organizowania np. w piątki czy soboty happy hour, czyli wyznaczenia godziny w tygodniu na rodzinne pałaszowanie słodyczy – może być nawet bez umiaru – po której gremialnie idziemy myć zęby. Dla zębów lepiej incydentalnie zjeść nawet większą ilość słodyczy niż podjadać mniejsze ilości, ale regularnie.**

I jeszcze słowo o konsystencji. Dla kondycji zębów, ale także dla prawidłowego rozwoju szczęki i żuchwy ważne jest to, by dziecko od najmłodszych lat uczyło się żuć oraz chrupało twarde warzywa i owoce. Nasi praprzodkowie nie karmili swoich pociech papkowatymi pokarmami. Ludzie pierwotni mieli za to dobrze rozwinięte szczęki i żuchwy, proste zęby i zero próchnicy. Zbyt długo stosowane papkowate pokarmy prowadzą do słabszego rozwoju szczęki i żuchwy. Aparat nieużywany rozwija się słabiej – m.in. stąd potem wąskie łuki zębowe, stłoczenia zębów i nieatrakcyjny profil twarzy.

Jaka jest najlepsza pasta dla malucha?

Małe dzieci nie potrafią wypluwać, dlatego w pierwszych latach życia zalecam wybór pasty bez fluoru. Ma ona na celu pomóc w oczyszczeniu zębów z płytki bakteryjnej i jedzenia. Kiedy maluch nauczy się sprawnie wypluwać – najczęściej około 4. roku życia – sprawmy mu na urodziny pierwszą pastę do zębów z obniżoną zawartością fluoru. Używamy jej niewiele, wystarczy wielkość ziarna grochu. Uważajmy, by maluch nie połykał pasty, mimo że jest bardzo smaczna. Regularne połykanie past ze związkami fluoru może nadmiernie kumulować ten pierwiastek w organizmie i wywoływać np. fluorozę. Jej objawem są przebarwienia i uszkodzenie szkliwa zębów. Dlatego dziecko do 6. roku życia powinno bezwzględnie myć zęby pod nadzorem osoby dorosłej. Przyjmuje się, że od 18. miesiąca do 6 lat pasta powinna zawierać 400–500 ppm fluoru, od 6 lat – 1000 ppm fluoru, a powyżej 12 lat – 1000–1100 ppm fluoru.

Po co fluoryzacja w przedszkolu i szkole?

Powszechnie wiadomo, że fluor wzmacnia zęby, a konkretnie poprawia mineralizację szkliwa, dzięki czemu stają się one bardziej odporne na próchnicę. Fluorki redukują także ilość kwasów próchniczotwórczych wytwarzanych przez bakterie w jamie ustnej. Równowaga mineralna wymaga, aby w organizmie obecna była odpowiednia ilość fluoru. Jego niedobór może być szkodliwy dla zębów, ale stale utrzymujący się nadmiar także osłabi uzębienie. Dlatego stosowanie lakierów, pianek, żeli fluorkowych powinno odbywać się wyłącznie w gabinecie stomatologicznym. Lekarz określa na podstawie badania uzębienia harmonogram wizyt mających na celu profilaktykę fluorkową. Absolutnie nie wolno samodzielnie stosować suplementacji fluorem, ponieważ zbyt wysokie dawki mogą być dla organizmu toksyczne.

Należy także pamiętać, że fluor nie ochroni nas przed próchnicą. Jest tylko elementem profilaktyki. Jeśli jednak nieprawidłowo myjemy zęby, mamy problemy z usuwaniem płytki nazębnej, spożywamy dużo słodyczy, słodkich soków, przekąsek, oblepiających zęby, to bakterie próchniczotwórcze mają doskonałe warunki, by rozwijać się i dewastować uzębienie. Właściwa dieta i higiena to podstawa dla zdrowego uzębienia.

Jak często wymieniamy dziecku szczoteczkę i jak dobrać tę właściwą?

Szczoteczka – jej głowica i rękojeść – powinna być dobrana rozmiarem do rączki i zębów dziecka. Kierujemy się oznaczeniami wiekowymi na opakowaniach. Rynek pełen jest szczoteczek o wyszukanych kształtach nawiązujących do ulubionych bajek. Są szczoteczki grające, świecące – które w ten sposób sygnalizują, jak długo trzeba myć zęby. I zachęcają do codziennej zabawy w szczotkowanie. Stosujemy wyłącznie miękkie szczoteczki, na szczęście takie właśnie są szczoteczki dziecięce i – co bardzo ważne – kontrolujemy technikę szczotkowania. Najlepsza jest technika wymiatająca, która nasuwa dziąsła na zęby – w ten sposób unikamy podrażnienia dziąseł. Dziecko może próbować czyścić zęby częściowo samodzielnie, ale nie spodziewajmy się, że roczny maluch opanuje prawidłową technikę mycia zębów. Dlatego albo zęby myjemy razem z dzieckiem, albo dziecku.

Nie przyciskajmy szczoteczki zbyt mocno – jej włosie nie ma prawa się deformować. Uwaga! Jeżeli nawet pojedyncze włosie odstaje od główki szczotki, to znaczy, że myjemy zęby dziecka zbyt agresywnie, narażając je np. na stan zapalny dziąseł. Nową szczoteczkę należy odkazić, przetrzymując jej główkę 10 minut w 3-proc. wodzie utlenionej.

A jak przekonać dziecko do mycia ząbków?
Dziecko od najmłodszych lat powinno wiedzieć, że mycie zębów jest jedną z wielu codziennych czynności, a nie przykrym obowiązkiem. Ważne, by dziecko obserwowało, jak jego rodzice myją zęby, by postrzegało tę czynność jako naturalną, a początkowo nawet przyjemną i atrakcyjną. By czekało na poranną i wieczorną zabawę w mycie zębów. Szczotkowanie zębów powinno przebiegać w spokojnej i przyjemniej atmosferze. Można dziecku tłumaczyć konieczność mycia zębów poprzez obrazowanie słów dla dziecka niezrozumiałych. Świetnym pomysłem jest czytanie książek tematycznych, które psycholodzy i pedagodzy opracowali właśnie po to, by w prosty sposób wytłumaczyć skomplikowane zjawiska zachodzące w jamie ustnej. O konsekwencjach niemycia zębów mówi się w sposób uproszczony, stąd te wszystkie robaczki i dziury w zębach. To naturalne postępowanie. Ale odradzam straszenie dzieci robakami i dziurami, ra-

czej warto pokazywać pozytywy: w naszej rodzinie wszyscy mamy piękne zęby, ponieważ prawidłowo o nie dbamy i nie musimy obawiać się próchnicy.

Co robić w wypadku wybicia zęba?

Jeżeli doszło do wybicia zęba stałego, jest szansa na to, by ząb wrócił na swoje miejsce i dalej służył. Replantacja polega na jak najszybszym wprowadzeniu zwichniętego zęba do zębodołu. Tu liczy się czas. Musisz odnaleźć ząb, chwytając go wyłącznie za koronę. I dotrzeć do lekarza w ciągu maksymalnie kilku godzin.

> **Ważny jest sposób przechowywania wybitego zęba. Należy go opłukać wodą i umieścić w roztworze soli fizjologicznej, tak by komórki ozębnej i cementu korzeniowego nie uległy odwodnieniu. Można go także przechowywać w mleku. Alternatywą jest przetransportowanie zęba… we własnej jamie ustnej (w przedsionku jamy ustnej).**

Gdy wybity zostanie mleczak, udajemy się z dzieckiem do stomatologa w celu diagnostyki ewentualnych uszkodzeń zębów stałych. Jeśli uraz będzie bardziej rozległy, trzeba będzie wdrożyć dodatkowe leczenie. Mleczaków nie replantujemy.

Od kiedy dziecko może nosić aparat ortodontyczny?

Moment, w którym rozpocznie się leczenie ortodontyczne, ustala ortodonta. W zależności od wady, pierwsze interwencje w zgryz mogą nastąpić nawet przed 3. urodzinami dziecka. Dlatego tak ważne są regularne wizyty u stomatologa, który jest w stanie na czas zdiagnozować nieprawidłowości w rozwoju uzębienia i zalecić specjalistyczne leczenie. Bardzo często na etapie zębów mlecznych zalecam aparaty czynnościowe, które ułatwiają prawidłowe wyrzynanie się zębów oraz rozwój szczęki i żuchwy.

ZDROWA DIETA

Alicja Kalińska, dietetyczka

Czy dziecko przed pójściem do szkoły albo przedszkola koniecznie musi zjeść w domu śniadanie?

Jeśli chodzi o przedszkole, to nie, bo w przedszkolach są śniadania. Przed szkołą – tak.

Z czego powinno się składać śniadanie?

Może zacznijmy od tego, z czego nie powinno się składać. Nasze dzieci w ciągu dnia intensywnie pracują, chłoną świat, życie, naukę.

> Musimy przede wszystkim nakarmić mózg. I mimo że mózg żywi się glukozą, nie zaczynajmy dnia od cukrów prostych, bo one dają energię tylko na krótką chwilę.

Cukry proste, czyli...

Czyli wszystko to, co ma słodki smak. Od jabłka i banana po płatki, nutellę i wszelkie kremy orzechowo-czekoladowe. Oczywiście to jest smaczne, ale nie powinno stanowić podstawy żywieniowej. Bo takim kremem czekoladowym z cukrem albo syropem glukozowo-fruktozowym całkowicie rozregulujemy naszym dzieciom naturalny, zdrowy metabolizm przetwarzania energii – stąd mamy coraz więcej grubasków. Rano zatem powinniśmy uczyć dzieciaki, że nie jemy tego, co słodkie. Przecież tak naprawdę dajemy dzieciom na śniadanie te wszystkie słodkości dlatego, że jest to jedyna rzecz, którą jedzą bez marudzenia. A my nie mamy rano czasu, więc dla świętego spokoju podajemy im słodkie śniadanie.

Co w takim razie podać dziecku?

Przede wszystkim dobre białko, pełnowartościowe. Czyli białko pochodzące z jajek, z dobrego gatunkowo mięsa, z dobrych wędlin, ryb. Ja moim dzieciom piekę indyka, schab, polędwicę i wtedy mam gwarancję, że nie karmię ich nie tylko konserwantami, ale również innymi dodatkami do żywności. Oczywiście sery wszelakie – dobrze dziecko od najmłodszych lat uczyć różnorodności smaków i podawać ser nie tylko z mleka krowy, ale również kozy i owcy. W ten sposób stosujemy dywersyfikację składników odżywczych oraz zróżnicowanie źródeł, z których je dostarczamy.

A jeśli mamy w domu małego wegetarianina?

Są fantastyczne pomysły na to, żeby przygotować pasty warzywne z pieczonych cukinii, bakłażanów, marchewek, używać do tego przypraw typu kumin, cynamon czy kurkuma, która ma właściwości antynowotworowe. Wszystkie produkty z ziaren – soczewica, groszek, fasola – świetnie dostarczą białka. Jeśli organizm nie dostaje białka zwierzęcego lub źle je przyswaja, bez problemu wykorzysta białko z produktów roślinnych. Poza tym propozycje wegetariańskie, a nawet wegańskie, są dobre dla każdego dziecka, bo pomagają uczyć zdrowych nawyków na przyszłość i są korzystne np. ze względu na zachowanie równowagi kwasowo--zasadowej organizmu, dostarczają niezbędnego błonnika i witamin, których w produktach mięsnych nie ma.

> Czyli dobre białko i węglowodany złożone to podstawa śniadania.

A pieczywo?

Dobre węglowodany są niezbędne, bo nasz mózg w prawidłowych warunkach zużywa w ciągu doby jedną czwartą glukozy, którą mu dostarczamy. W związku z tym powinniśmy ją dostarczać w sposób rozważny. Niech to będzie dobre pieczywo, a nie „nadmuchane". Jeżeli jednak dziecko nie lubi innego, to na początek, podczas etapu przejściowego, podajmy mu pieczywo np. z czarnuszką czy z jakimkolwiek innym nasionkiem (słonecznik, siemię lniane itp.). Wiem, że dzieciom trudno zrezygnować z białej bułki, że nasiona trudniej się gryzie, więc od czasu do czasu też pozwólmy im tę ulubioną bułeczkę zjeść.

Czyli kajzerka raz w tygodniu jest OK?

Oczywiście, że tak. Ale generalnie kanapka musi być pełnowartościowa. Mam trójkę dzieci: dwuletnią Zosię i dwóch synów, już kilkunastoletnich, ale pamiętam początkowe boje. Krzysiek pokochał kiełki od pierwszego wejrzenia, a Piotrek na kiełki nie może patrzeć. W związku z tym, gdy na pieczywie były już poukładane różne dodatki, czy to wędlina, ser, łosoś wędzony, czy mozzarella, staraliśmy się z mężem bardzo urozmaicać te kanapki. Nie było takiej możliwości jak kanapka bez warzywa. Nie chcesz kiełków, nie chcesz pomidora, jest jeszcze papryka, ogórek świeży, kwaszony, konserwowy. Nie chcesz jeść dużych kawałków papryki – proszę bardzo, pokroję drobniutko. I tak po trochu zaczęli się przyzwyczajać do warzyw. Ale nie przesadzajmy z negocjacjami. Nie ma miliona innych propozycji: soczek, jabłko, jogurt itd. Jeśli dziecko nie chce jeść – trudno. Nie ma takiego zdrowego dziecka, które by się samo zagłodziło.

Moim klientkom często zadaję takie pytanie: „W jaki sposób proponuje pani dzieciom coś do zjedzenia?". 99,9 proc. matek pyta: „Na co macie ochotę?".

Też tak pytam...

Strzał w stopę. Nie pytamy. Mówimy tak: „Kochani, dzisiaj będzie kotlet z tego, tamtego, z tym, z owym, ryba, kurczak i tak dalej. Czy chcecie do tego fasolkę czy brukselkę? Marchewkę czy sałatę? Ogórka kwaszonego czy pomidora?". Dajemy dwie rzeczy do wyboru. I dzieci mają poczucie, że decydują i że mają wpływ na to, co znajdzie się na talerzu. Moich synów uczyłam powoli jeść warzywa, przy okazji sama się ucząc, czego nie lubią naprawdę. Cukinii grillowanej nie jadają, natomiast moja głowa była w tym, żeby z niej nie rezygnować. I co się okazało? Że zupę krem z cukinii z serem brie uwielbiają, że gdy wrzucę duszoną cukinię do makaronu – wylizują talerze. Placuszki typu amerykańskie pancakes wzbogacone o warzywa, w tym cukinię, są pyszne. Okazało się, że moi synowie lubią cukinię, tylko nie w postaci grillowanej.

I jeszcze jedna zasada, którą wprowadziłam w domu: wczoraj było danie uwielbiane przez tatę, dzisiaj jest danie, które kocha Krzysiek, a jutro zapewne będzie danie, które kocha Piotruś albo ja, bo jesteśmy rodziną i każdy z nas ma różne smaki oraz upodobania i często one się od siebie różnią. To uczy tolerancji na odmienność członków rodziny.

A co zrobić z niejadkiem? Mój pięcioletni syn właśnie nim jest. Wmuszenie w niego jedzenia jest koszmarem.

Nie je nic?

Jadłby tylko słodycze.

Ja bym go nazwała potocznie cukrowcem, po prostu. Są to najczęściej bardzo energetyczne, kinetyczne dzieci. Tak ma i będzie miał przez całe życie. Wszystko spala, ale tylko na razie. Natomiast gdy będzie miał 11 lat i wejdzie w wiek dojrzewania, organizm z reguły przestaje sobie radzić z przetwarzaniem nadmiaru tej energii. Dziecko nie musi być grube, ale zrobi się misiowate.

Co poleciłabym mamie z takim niejadkiem? Po pierwsze, trzeba codziennie przez tydzień rzetelnie spisywać, co dziecko zjadło. Ale uczciwie i dokładnie. Zjadł dwa pączki, wpisujemy. Dwa ciasteczka – wpisujemy. Wypił trzy szklanki słodkiego soku pomarańczowego – wpisujemy. Zaznaczamy, czy ten sok był świeżo wyciskany, czy z kartonu – to kolosalna różnica w składzie. Trzy ziemniaki na obiad, z mizerią i kotletem drobiowym – wpisujemy. I tak wszystko po kolei. Po takim tygodniowym podsumowaniu widać, że to nie jest tak, że nasze dziecko nic nie je. Nie je konkretnych rzeczy i dodatkowo umie nami pokierować tak, by dostać to, co naprawdę lubi.

I co z tym zrobić?

Nie uczyć jeść, tylko uczyć smakować, próbować.

> **Nie zmuszajmy naszych dzieci do jedzenia, namawiajmy do próbowania.**

Oczy to zwierciadło duszy i właśnie po oczkach widać, czy smakuje, czy nie (śmiech). Czasami dziecko chce zaznaczyć swoją odrębność i powie, że jakaś potrawa mu nie smakuje i nie będzie jej jadło, ale za jakiś czas chętnie ją zje, bo zapamiętało ten smak i połączyło go z przyjemnością. Jeżeli dziecko próbuje czegoś nowego, nie wie, jak to się nazywa – to nawet lepiej, bo bardzo często nazwy działają zniechęcająco. „A co to jest?". „Powiem ci, jak spróbujesz".

Gdy moje dzieci były małe, nigdy szpinaku nie nazwałam przy nich szpinakiem. Nie wiem dlaczego, ale dzieci mają zakodowane, że szpinak jest „ble". Szliśmy razem na zakupy, nasz zaprzyjaźniony pan Henio z bazaru po moim mrugnięciu okiem nakładał nam „sałatę". Przystawiałam stołek do kuchenki, stawałam za dzieckiem, razem dusiliśmy „sałatę" do makaronu. Dzieciom w ogóle można sprzedać różne rzeczy w daniach z makaronem, bo przeważnie wszystkie go uwielbiają.

    I jeszcze o jednym trzeba pamiętać: dzieci uczą się z obserwacji wszystkich naszych zachowań. Gdy zaczęłam do pracy kroić warzywa – marchewkę, paprykę – i wrzucać do pojemnika, do tego serek homogenizowany, do którego dodaję suszone pomidory i trochę ziół, mój syn zapytał: „Mamo, mogłabyś pokroić tego więcej, żeby dla mnie wystarczyło?". Sam przyszedł i sam poprosił. Dziecko, które warzyw nie jadało przez wiele lat! Kropla drąży skałę. Teraz moje dzieci często proszą, żeby im na kolację przygotować warzywa z dipami. Jeden dip – przyznaję, cięższy – na majonezie, tłusty, ale z czosnkiem i natką pietruszki, drugi jest jogurtowy z jakimś sosem pomidorowym albo po prostu z keczupem. A warzywa to surowy kalafior, kalarepa, marchewka, ogórek, papryka, co tam na bazarze albo w sklepie wpadnie w ręce. Zasiadamy na dywanie przy stoliku kawowym i chrupiemy te warzywka. Przychodzi nawet dwuletnia Zosia, bierze marchewkę, zanurza w jeden sosik, obliże, w drugi sosik – i już wie, który jej bardziej smakuje.

Nie popadajmy zaraz w ekstremizm, że jemy tylko zdrowo i ekologicznie. Gdy robiłam moim dzieciom domowe hamburgery, na początku wkładałam je w bułki do hamburgerów kupione w dyskoncie. Z sezamem, ale nadmuchane jak balon. Jednak obowiązkowo były tam sałata i pomidor, a mięso przyprawiałam np. oliwą truflową. Dopiero potem, gdy już nauczyli się to jeść, kupowałam do tego dania coraz zdrowsze bułki z pełnego przemiału z ziarnami lub orzechami. Od czegoś trzeba zacząć, zrobić pierwszy krok i znaleźć złoty środek.

To nie jest takie łatwe.

Przyznaję, nie jest, zwłaszcza jeśli zmianę żywieniową zacznie się wprowadzać u dziecka, które ma już wyrobione swoje zdanie. Wtedy trzeba sposobem, nic na siłę.

Jest jeszcze jedna fajna metoda.

> **Ponieważ mamy do czynienia z małym konsumentem, zachowajmy się jak rasowy sprzedawca handlowiec.**

Najpierw trzeba zbudować potrzeby. Reklama wygląda następująco (wbrew pozorom wcale nie jest niepedagogiczna): siedzę na kanapie, trzymam miskę z sałatką jarzynową bez majonezu, bo taką akurat lubię. Coś sobie oglądam w telewizji, ale po każdym kęsie oblizuję widelec i mówię głośno, tak żeby Zosia słyszała: „Ale dobre!". Zośka zaczyna krążyć wokół mnie jak rekin, coraz bliżej. „Co masz?". „Sałatkę jarzynową mam" – odpowiadam. I dalej jem. Ona obserwuje, co się dzieje. „Dasz spróbować?". „Nie, nie dam, to jest tylko mamusi". Zosia jest coraz bardziej zainteresowana. Wreszcie ląduje obok mnie na kanapie, zagląda do miski. „Daj, spróbuję". Ja mówię: „Ale tylko raz". Sformułowanie „tylko raz" w naszym domu dotyczy lodów, ciastek i innych słodyczy, żeby dziecko nie zjadło zbyt dużo. I skoro powiedziałam: „Tylko raz", Zośka domyśla się, że zawartość mojej miski jest pewnie dobra, bo ma pozytywne skojarzenie. Faktycznie, jednego dnia spróbowała, drugiego znowu to samo i tak nauczyła się jeść sałatkę jarzynową – seler, pietruszkę, ogórek kwaszony, marchewkę, wszystko.

Ostatnio furorę robi "słodyczodzień". Czyli jeden dzień w tygodniu, gdy dziecko może jeść słodycze bez ograniczeń. Przyznam szczerze, że w ogóle tego nie stosuję, należę do grona złych matek, ponieważ jak mi czasami przyjdzie dzieciak ze szkoły wybiegany, zmęczony i mówi: "Mamo, tak strasznie chce mi się czekolady", to ja mu daję kawałek czekolady albo cukierki.

To bardzo dobrze. Według mnie "słodyczodzień" zupełnie się nie sprawdza w przypadku dzieci wrażliwych na cukry proste, czyli właśnie wspominanych już cukrowców. Lepiej więc dawać słodycze, ale kontrolować ich jakość.

> **Cukier trzeba jeść w formie szlachetnej, nie byle kiedy i nie byle co. Nie kupujemy jakichkolwiek ciastek, nie kupujemy czegoś, co wygląda jak czekolada, a czekoladą nie jest.**

Często słodycze są po prostu oszukane – co z tego, że smaczne. Jedzenie nie ma być tylko smaczne, ono ma być i smaczne, i wartościowe. W moim domu jest bardzo głęboka szuflada, w której trzymam zapas dobrej czekolady. Kiedyś dzieci mi ją całkowicie wyjadły. Wybuchła wielka awantura, bo nie wolno im było brać słodyczy bez pozwolenia. Teraz już zawsze pytają.

Czyli, jeśli grzeszyć, to jakościowo.

Oczywiście, że tak. Często babcie przynoszą wnukom coś słodkiego, niekoniecznie wartościowego. Trzeba im na to zwracać uwagę i poprosić, żeby lepiej dały banany, pomarańcze, mandarynki czy sok dobrej jakości. A jeśli czekoladę, to prawdziwą, a nie wyrób czekoladopodobny, bo akurat była promocja. Niektóre babcie, gdy widzą słowo „promocja", natychmiast coś kupują.

I jeszcze jedno: nie mówimy dziecku, że jeśli zje warzywa czy mięso, to w nagrodę dostanie coś słodkiego. W ten sposób ugruntowujemy bowiem przekonanie, że warzywa są niedobre, i sami utrudniamy sobie dalsze działanie. Jemy deser, bo po dużym posiłku należy to do zwyczaju. Jemy słodkie, bo jest pyszne, a nie w nagrodę.

Jakie słodycze są najlepsze? Czekolada gorzka?

Nie, każda czekolada, choć wiadomo, że im więcej kakao, tym czekolada bardziej wartościowa. Byle tylko nie był to produkt czekoladopodobny. Jedno dziecko lubi czekoladę białą, bez kakao, tylko z tłuszczu kakaowego i mleka, drugie lubi mleczną, a trzecie będzie uwielbiało ciemną, tak jak my dorośli. Zawsze dajemy alternatywę, zwłaszcza podczas kinderbali. Mogą być chipsy, może być oranżadka w kolorze płynu do zmywania naczyń – ale niech zawsze będzie też micha z malinami i micha z winogronami, bo to jest łatwe do jedzenia i dzieci – gdy mają alternatywę – naprawdę sięgają po owoce. Sprawdziłam to niejednokrotnie u siebie w domu. Dzieci, które do mnie przychodzą na trzy godziny, nie będę przecież indoktrynować i robić im zawijaski ze szpinaku. Poza tym nie mogłam też zawstydzać moich dzieci w ich środowisku, więc pytałam: „Co chcecie?". To, to i to. Ja mówiłam: „Dobra, a oprócz tego przygotuję michę z warzywami pokrojonymi w słupki i trzy dipy". Zawsze znalazł się w grupie delikwent, który uwielbiał na przykład paprykę. Gdy zaczynał maczać kawałki papryki w sosach i zachwycał się ich smakiem, to reszta przychodziła podegustować. Jedli więc chipsy, jedli popcorn, popijali gazowanymi napojami, ale oprócz tego zjadali całą michę surowych warzyw.

Czyli znowu złoty środek?

Tak. Złoty środek, i trzeba dać szansę na spróbowanie, a nie namawiać lub – co gorsza – nie dać wyboru.

Następny problem: napoje – cola, fanta, ohydne kolorowe wody gazowane. W sklepikach szkolnych wciąż królują soki w kartoniku – słodkie, słodkie, słodkie. Jak z tym walczyć?

Pamiętam, jak moi chłopcy, gdy byli jeszcze mali, zobaczyli na jakiejś imprezie urodzinowej oranżadę w kolorze ciemnoturkusowym, wyglądała jak popularny płyn do mycia naczyń. Zapytali, czy mogą to wypić. „Jeśli chcecie, bardzo proszę". A po powrocie do domu wymiotowali na zielono, fioletowo i niebiesko. I już nigdy nie tknęli żadnej oranżadki...

Miałam to samo z niebieską watą cukrową. „Czy mogę?". „Możesz". A potem niebieska kupa w nocniku.

Więc czasami warto pozwolić, modląc się żarliwie o to, żeby tym razem wystąpiły reperkusje. Ale istnieje bardzo dużo napojów, które tak spektakularnych efektów nie dają. A poza tym napoje typu cola, zawierające kwas ortofosforowy, pomagają w trakcie grypy żołądkowej, zabijają rotawirusa. I nie ma lepszego domowego sposobu na to, żeby się dzieciak podczas tej choroby nie odwodnił. Więc pijmy takie napoje, ale naprawdę okazyjnie.

Kiedyś widziałam taką sytuację: babcia kupuje trzy-, czteroletniej wnuczce, która zaczyna wyglądać jak księżyc w pełni, butelkę ciemnego napoju z bąbelkami. Podeszłam i zapytałam: „Czy pani wie, że to dziecko po takiej dawce kofeiny zaraz zacznie dostawać szału i nie będzie można nad nim zapanować? W dodatku nie będzie to wina dziecka, że jest źle wychowane, tylko pani wina. Czy pani swojej wnuczce podaje filiżankę kawy codziennie rano na śniadanie?". „Co pani, kawa, przecież to dla dorosłych" – obruszyła się babcia. „Proszę pani, w tym napoju jest mniej więcej taka sama dawka kofeiny". Brak wiedzy i chęć przypodobania się dziecku były ogromne.

Woda – samo zdrowie?

Za najbardziej bezpieczną uważam wodę mineralną, dlatego że wody mineralne mają stały skład. Mamy do dyspozycji wody niskosodowe, które lepiej i szybciej nawadniają. Z kolei woda z większą zawartością sodu będzie polecana na upał. Lekko słonawe pomagają chronić przed odwodnieniem i utratą minerałów. Są wody gazowane i średniogazowane dla osób, które nie przełkną zwykłej. Bardzo proszę – znów złoty środek. Jeżeli mamy do wyboru wodę gazowaną albo żadną, to wybiorę gazowaną.

A te nieszczęsne wody smakowe?

Mają tylko jedną zaletę: pomagają w świadomy sposób przejść z oszukanych napojów i soków, które kupujemy bez czytania składu, w kierunku picia wody. Bo jeśli piję wodę o smaku truskawki, to może wystarczy wrzucić do wody truskawki, dołożyć kilka listków mięty – i mamy naturalny zdrowy napój.

Uczmy pić dzieci wodę, uczmy je pić dobre herbaty owocowe, tylko bez dodatku cukru. Tym bardziej że teraz nawet w dyskontach można kupić różne herbaty – pomarańcza z wanilią, żurawina z maliną, śliwka z imbirem. Są pięknie opakowane, cieszą oko i pozwalają w związku z tym zadziałać na zmysły dzieciaków. Wiele z tych owocowych herbat można pić również na zimno, przygotować cały dzbanek, dorzucić lodu, dołożyć kawałków owoców – i gotowe.

No to teraz kolejny kłopot – fast foody. Przyznaję, że gdy jedziemy w podróż, czasem zatrzymujemy się w takim miejscu. Moi chłopcy bardzo na to czekają.

Moi już nie, bo są jedzeniowo wyedukowani, ale i ja, gdy dzieci były małe, czasem korzystałam w podróży z fast foodów. Byłam przynajmniej pewna, że jest tam czysta toaleta, że mam gdzie przewinąć dziecko, że tym jedzeniem się nie strujemy. A zdarzało nam się jadać w przydrożnych barach z dużą liczbą gości, co miało gwarantować jakość, i potem odchorowywaliśmy to przez kilka dni. W takich przypadkach wolę zjeść coś mniej wartościowego, ale z gwarancją, że się nie struję.

Nigdy nie organizowałam przyjęć urodzinowych w fastfoodowych restauracjach. Ale nic się nie stanie, jeśli okazjonalnie zjemy hamburgera czy frytki. Moje dzieci dawno już zauważyły, że to smakuje zawsze tak samo, żadne aj-waj, i że istnieje masa rzeczy, które są o niebo lepsze.

PRZEPISY

I ŚNIADANIE

Pasta z marchewki z oliwą szałwiową i orzechami włoskimi
(2 PORCJE)

Jeśli zostają mi marchewki z obiadu, wykorzystuję je do kanapek zamiast wędliny czy sera.

2 marchewki ugotowane lub pieczone, 4-5 liści szałwii (mam zawsze zamrożone), 2 łyżki oliwy z oliwek, 2 łyżki orzechów włoskich uprażonych na suchej patelni, sól i pieprz.

Na oliwie usmażyć listki szałwii, a następnie zdjąć z ognia i ostudzić. Ostudzone marchewki zmiksować razem z oliwą szałwiową i orzechami. Doprawić solą i pieprzem.

Jaglanka z owocami
(1 PORCJA)

4 łyżki kaszy jaglanej (suchej), 1 szklanka mleka krowiego lub dowolnego mleka roślinnego, np. ryżowego, 1 szklanka wody, cynamon, garść borówek, 1/2 banana, 1 łyżeczka miodu.

Kaszę zalać wodą i gotować na małym ogniu ok. 10 minut, następnie dodać mleko i gotować jeszcze przez chwilę. Gotową kaszę obsypać borówkami, pokrojonym w plasterki bananem, doprawić do smaku cynamonem i miodem.

Chia z owocami
(1 PORCJA)

3 łyżki nasion chia (można je zastąpić dowolnymi płatkami, np. ryżowymi, choć chia fajnie żeluje), szklanka mleka krowiego lub dowolnego mleka roślinnego, 1 łyżeczka miodu, 1 kiwi, garść truskawek lub malin.

Do rondelka wsypać nasiona chia i zalać mlekiem. Dodać miód, dokładnie wymieszać i gotować na małym ogniu ok. 10-15 minut. Zdjąć z ognia, przełożyć do miseczki/szklanki i dodać pokrojone owoce, całość doprawić do smaku cynamonem.

Koktajl truskawkowo-szpinakowy
(1 PORCJA)

1 szklanka mleka krowiego lub dowolnego mleka roślinnego, 1 łyżka migdałów, 2 duże garści truskawek

lub innych drobnych owoców (np. wiśni, malin itp.), duża garść szpinaku, 1 łyżeczka miodu.

Wszystkie składniki zmiksować na gładki koktajl.

II ŚNIADANIE

Zdrowe burgery
(1 PORCJA)

100 g mięsa mielonego dobrej jakości, 1 bułka grahamka (50-60 g), 2 liście sałaty, 1 średni pomidor, 1/4 małej cebuli, skórka z 1/2 kromki razowego chleba, 1 łyżka mleka 1,5-proc., sól, pieprz, oregano, tymianek.

Pomidora pokroić w plastry. Cebulę drobno posiekać. Skórkę od chleba połączyć z mlekiem i ziołami. Całość wymieszać i dodać do mięsa i cebuli. Jeszcze raz wymieszać. Uformować burgera. Piec w temperaturze 180 stopni aż do miękkości. Burgera podawać w grahamce z warzywami.

Tortilla z warzywami i kurczakiem
(1 PORCJA)

1 tortilla (60-65 g), 1/2 czerwonej papryki, kilka pieczarek, 1 pomidor, 100 g grillowanego kurczaka, 1 łyżeczka startego żółtego sera, 1 łyżeczka oliwy z oliwek (ew. oleju rzepakowego), sól, pieprz.

Tortillę podgrzać według przepisu na opakowaniu. Paprykę i pieczarki drobno pokroić. Kurczaka pokroić w paski. Warzywa podsmażyć na oliwie/oleju. Tortillę posypać serem. Położyć na niej warzywa i kurczaka. Zawinąć w rożek.

Roladki z łososiem w papierze ryżowym
(1 PORCJA)

60-70 g łososia wędzonego, 1 ogórek zielony średniej wielkości, papryka mała, 2-3 garstki kiełków słonecznika lub rzodkiewki, 2-3 łyżki serka koziego, 1 opakowanie papieru ryżowego.

Arkusz papieru ryżowego zmoczyć wodą i układać na nim po kawałeczku łososia, cienkiej warstwie serka koziego, kawałku ogórka, papryki i kiełków słonecznika. Zwijać w roladki. Skropić sosem: sok z połowy limonki, 1 łyżeczka oliwy, 1 łyżeczka miodu, 1 łyżeczka musztardy, przyprawy do smaku, np. kilka listków świeżej kolendry.

DESER

Mus owocowy
(1 PORCJA)

1 szklanka świeżych malin (w zimie mrożonych), 1 małe jabłko upieczone z dodatkiem cynamonu.

Składniki zmiksować i podawać z 1-2 łyżkami jogurtu naturalnego lub serka homogenizowanego o smaku waniliowym (ale jak najkrótszym składzie wynotowanym na opakowaniu).

Mus czekoladowy z awokado i bananem
(1 PORCJA)

1 dojrzały banan, 1 małe, dojrzałe awokado, 1-2 łyżki prawdziwego kakao, drobny cukier, miód lub syrop z agawy (do smaku, aby osłodzić deser).

Wszystkie składniki zmiksować na gładki mus.

Brownie z kaszy jaglanej
(1 PLACEK)

1/2 szklanki kaszy jaglanej, 3 łyżki oleju, 3 jajka, 1/2 szklanki kakao, 1/2 szklanki miodu lub cukru trzcinowego, 1 łyżeczka proszku do pieczenia, 1/4 szklanki mleka lub jogurtu naturalnego, orzechy i płatki migdałowe do posypania.

Kaszę gotujemy. Ostudzoną przekładamy do miski. Dodajemy jajka, olej, kakao, miód/cukier, proszek do pieczenia oraz mleko. Całość dokładnie blendujemy na jednolitą masę, którą przekładamy na blachę o wymiarach ok. 20 x 30 cm. Posypujemy orzechami włoskimi oraz płatkami migdałowymi. Pieczemy przez ok. 15-20 minut w temperaturze 180 stopni.

Kremowa panna cotta

1 opakowanie serka homogenizowanego (150 g), 1 opakowanie jogurtu naturalnego (180-200 g), 1,5 łyżeczki żelatyny, 2 łyżki gorącej wody, ok. 4 czubatych łyżek twarogu śmietankowego (jak do sernika), sok i skórka z połowy cytryny, 1 łyżeczka miodu.

Żelatynę dodać do gorącej wody i wymieszać do rozpuszczenia, odstawić do ostudzenia. Wystudzoną żelatynę zmiksować z jogurtem, serkiem, twarożkiem i pozostałymi składnikami. Przelać masę do foremek i schłodzić w lodówce do stężenia. Podawać z musem owocowym, np. truskawkowym.

DOMOWA PIZZA

Pizza na razowym spodzie
(4-5 PORCJI)

2 szklanki mąki pełnoziarnistej (może być żytnia razowa), 20 g drożdży, 1/2 szklanki ciepłej wody, pół łyżeczki soli, łyżka oliwy z oliwek; dodatki: ser mozzarella light (1 kulka), pokrojona w drobną kostkę pierś indyka (120 g), czarne lub zielone oliwki, pieczarki, pomidory, przecier pomidorowy (passata), szczypta soli, oregano, bazylia.

Do miski wsypać mąkę, następnie w szklance ciepłej (ale nie gorącej) wody rozpuścić sól oraz drożdże i dodać do mąki. Energicznie wyrobić ciasto, jeśli będzie kleiło się do rąk, można dodać jeszcze trochę mąki. Przykrywamy miskę i odstawiamy w ciepłe miejsce do wyrośnięcia (ok. 20 minut). Gdy ciasto wyrośnie, rozwałkowujemy je cieniutko na blasze (aby nie lepiło się do rąk czy wałka, można użyć odrobiny krupczatki), smarujemy przecierem pomidorowym, dajemy szczyptę soli, oregano i bazylię. Następnie układamy pokrojoną w plasterki mozzarellę, indyka i wszystkie inne ulubione dodatki (pieczarki można podsmażyć chwilę na patelni). Wkładamy do piekarnika nagrzanego do 220 stopni, pieczemy ok. 20-25 minut do momentu, gdy brzeg ciasta będzie zarumieniony. Po 10 minutach, jeśli wierzch zaczyna brązowieć, można przykryć folią aluminiową. Unikniemy przypalenia składników na wierzchu.

Część II
Ważne rozmowy z dzieckiem

Pamiętam ten piękny grudniowy wieczór, w naszym domu trwały przygotowania do świąt Bożego Narodzenia, a mój sześcioletni synek Fryderyk zapytał mnie: „Mamo, a dlaczego urodziny Pana Jezusa obchodzi cały świat, a moje tylko rodzina?". Przyznaję, spanikowałam i niełatwo było mi znaleźć w głowie szybką i wyczerpującą dla dociekliwego smyka odpowiedź. Znacie to, prawda? Takie pytania co jakiś czas pojawiają się w naszym domu.

Kiedyś czytałam, że z dzieckiem zawsze powinno się rozmawiać jak z partnerem. Staram się wprowadzać tę zasadę w naszym domu. Nie rozmawiam jednak z chłopcami jak z dorosłymi, bo dorośli nie są i wielu rzeczy nie rozumieją. Przytoczę wam jednak pewną sytuację...

Każdy rodzic wie, że zasób słów dziecka, które poszło do szkoły, znacznie się zwiększa o wszelakie eufemizmy. Dochodzą także nowe żarty. Jak chociażby ten, który pojawił się po spotkaniu z innymi dzieciakami: „Mamo, powiedz słońce". No i ja głupia powtarzam: „Słońce". Na co Fredzio odpowiada: „Masz cycki gorące" i sprzedaje mi uśmiech z serii „mama się wnerwi czy uśmiechnie?". Spoko. Spodziewałam się prędzej czy później takich akcji, więc cool. Nic mnie nie złamie. Powiedziałam tylko, że nie mówi się „cycki", a „piersi", no a cała reszta to prawda ☺, więc się nie gniewam.

Za chwilę, wracając do ćwiczeń z języka polskiego, proszę Fredzia, żeby zaczął w zeszycie pisać po kolei litery: a, b, c... Na co moje dziecko oświadcza, że nie umie jeszcze pisać „pisanego b i c". Ale skoro Fredzio czyta bez problemu, to litery zna, a skoro wie, jak wyglądają – to i bez problemu je napisze. Wiadomo, „a" jak „a", „b" jak balon, no i przyszedł czas na „c".

Fredex pisze „c", ale w lustrzanym odbiciu. Mówię, że w drugą stronę... Pisze. Powstaje coś na kształt logo Coco Chanel z Chin. Nie poddaję się: „Fredziu, napisz słowo na »c«". „Ale ja nie wiem, jakie, mamo" – odpowiada wyraźnie znudzony pisaniem sześciolatek. „Pisz »cycki«!" – sama nie wierzę, że to mówię. Fredzio wybucha śmiechem, ja razem z nim. Po czym sięga po mazak i pisze, co mu matka kazała. I tak oto domowa lekcja polskiego stała się niezłą zabawą.

Fajnie mieć dzieciaka, który rozumie żarty. Szanuje zaufanie, jakim go obdarzasz, i wie, że są granice, których nie przekraczamy, nawet kiedy żartujemy. To był taki nasz niegrzeczny wieczorek. Pisał więc „cycki" i było fajnie. Bo razem, bo na luzie. Bo to było szalone i tak... pewnie mało wychowawcze. A może właśnie bardzo wychowawcze? Jednego jestem pewna, Fredek literkę „c" poznał bardzo dobrze!

Zdarza się jednak, że musimy porozmawiać z dzieckiem na tematy, które dla nas samych nie są łatwe. Śmierć kogoś bliskiego, rozstanie... Ten rozdział pomoże wam, mam nadzieję, zrozumieć małego człowieka, którego zaskakują całkiem dorosłe sytuacje, a może i odnajdziecie siebie na kolejnych kartach? Czasem potrzeba po prostu odwagi...

JAK ROZMAWIAĆ Z DZIECKIEM O ŚMIERCI?

Justyna Korzeniewska, psycholog
i Magdalena Sujka, nauczycielka wychowania przedszkolnego

Jak dziecko rozumie śmierć?

Justyna Korzeniewska: Zdaniem wielu dorosłych, w ogóle nie rozumie. Dlatego uważają, że jeżeli babcia umarła, można zbyć je banalnym (i bardzo okrutnym twierdzeniem), że „gdzieś wyjechała". Ale jednocześnie dorośli podskórnie czują, że gdyby powiedzieli prawdę, dziecko bardzo by to przeżyło. Czyli jednak rozumiałoby, że stało się coś ważnego.

Dorośli boją się mówić prawdę nie ze względu na dziecko, tylko na siebie. Bo to my nie radzimy sobie ze śmiercią. Dziecko to istota, która potrafi zrozumieć pełnię tego doświadczenia i przeżywać autentyczne emocje. Przekonanie dorosłych, że dzieci długo nie rozumieją tego zjawiska, nie przyjmują perspektywy metafizycznej i duchowej, jest dowodem braku doświadczenia. Rodzice odraczają rozmowę z dzieckiem o śmierci, bo przypisują mu brak zainteresowania tą kwestią, a tak naprawdę sami nie są na to gotowi. Jeżeli nie rozmawia się z dziećmi, bo się uważa, że „ono nie jest jeszcze gotowe", to taki moment może nigdy nie nadejść, a dziecko będzie zdobywało wiedzę na ten temat z innych źródeł, np. od rówieśników. Kiedy tylko ma się okazję, możliwość i gotowość (a nie są to łatwe rozmowy), należy i warto stawić temu czoła.

Wykonując zawód psychologa, rozmawiam z dziećmi na takie tematy dużo częściej niż przeciętni ludzie. To doświadczenie pokazuje mi, że nie powinno się ignorować potrzeby dzieci uzyskania sensownych wyjaśnień zjawiska śmierci. Dziecięce pytania są tak głębokie, że każdy teolog musiałby długo zastanawiać się nad odpowiedzią. Rozmawiałam z dziewczynką, która była ciężko chora i myślała o własnym odejściu. Miała 8 lat, była już w takim wieku, że rodzice wprowadzili ją w kwestie życia i śmierci. Zapytała mnie: „Ja będę w niebie, a tutaj na ziemi zostanie moja siostra. Jeżeli ona umrze jako osoba dorosła, np. w wieku mojej babci, to jak my się w niebie odnajdziemy? Jak będziemy się razem bawić, skoro ja będę małym aniołkiem, a ona – babcią?". To jest pytanie o podstawy naszej wiary w istnienie wymiaru duchowego. Proponuję, żeby każdy dorosły zastanowił się, jak odpowiedziałby tej dziewczynce i swojemu dziecku, bo wiele maluchów o tym myśli.

Bardzo poruszające...

Justyna Korzeniewska: Pracowałam też z kilkuletnim chłopcem, którego rodzice rozwodzili się. W tym czasie zmarła jego babcia i on wiedział o jej odejściu. Podczas przygotowań do pogrzebu pytał mnie o kwestie ostateczne. Powiedział: „Cieszę się, że w niebie spotkam babcię. Ale zastanawiam się, bo mój tata ma teraz nową rodzinę i jest tatą dla innego chłopca... Czyim tatą będzie w niebie?".

Czy po takich doświadczeniach można powiedzieć, że dzieci nie wiedzą, nie czują, nie myślą o tym, że są za małe na przyjęcie takiej perspektywy?

Justyna Korzeniewska: Głęboki sens ich pytań zaskakuje dorosłych. I – co podkreślam – zostawianie dzieci samych z tak ważnymi pytaniami albo zbywanie ich: „Nie pytaj o to, nie myśl o tym, co ty za głupstwa opowiadasz!" jest po prostu okrutne. A tak właśnie często dorośli robią. Kochani dorośli: to złudzenie, że dziecko nie orientuje się, co to jest śmierć. Ile razy na spacerze, w parku widziało martwe zwierzę, np. ptaka.

Albo nawet zdeptaną dżdżownicę.
Justyna Korzeniewska: Tak, nawet robaka albo chrabąszcza, i trafnie określiło: „O, nie rusza się, nie żyje".

Oczywiście na początku dzieci podchodzą do tematu w kategoriach konkretnych: nieżywa osoba lub zwierzę nie rusza się, nie je. Pojmują ten stan jako brak reakcji. Nie są jeszcze gotowe, żeby przyjąć to w kategoriach ostatecznych, metafizycznych. Wielu dorosłych uważa, że nie należy wcześnie wprowadzać dzieci w doświadczenie śmierci, bo np. podczas pogrzebu maluchy zachowują się nieadekwatnie. Uśmiechają się do babci, która jest w trumnie, albo bawią się piaskiem wsypywanym później do grobu, zaczynają wyciągać kwiaty z wieńca pogrzebowego. Rodzice wtedy myślą: „Nic z tego nie rozumie, więc po co było je zabierać, skoro taką gafę popełniło".

Zabierać dzieci na pogrzeby?
Justyna Korzeniewska: Absolutnie tak. Jeżeli dziecko nie zachowuje się zgodnie ze standardami, to nie dlatego, że z premedytacją nie uszanowało zmarłej osoby. Nieadekwatne za-

chowania na pogrzebach wynikają chociażby z tego, że każde dziecko, które zobaczy kupę piachu, kojarzy to z zabawą. Poza tym podczas takich trudnych momentów powinna być wyznaczona osoba, która cały czas zajmuje się tylko dzieckiem. Jeżeli pogrzeb dotyczy osoby bliskiej, np. babci dziecka, czyli rodzica mamy lub taty, to oni, pogrążeni w żalu, nie są w stanie zaopiekować się dzieckiem. Dobrze, aby obowiązki przejął ktoś z przyjaciół rodziny, bo dla nich wydarzenie nie jest aż tak emocjonujące.

> **Dziecko nie musi uczestniczyć w całości pogrzebu, można wybrać takie elementy, w których będzie obecne. Natomiast powinno przeżyć moment oddzielenia i pożegnania, żeby w jego świadomości nie wytworzyła się luka: „Babcia jest i już jej nie ma".**

Jeżeli dziecku powiedziano, że babcia gdzieś wyjechała, zaczyna się zastanawiać: „Wcześniej nigdzie nie wyjeżdżała, zawsze mieszkała w swoim domu, jeździliśmy do niej.

Dlaczego teraz nie możemy do niej pojechać?". Takie wyjaśnienie jest w ogóle nie do przyjęcia. Nie można małego człowieka skazywać na niepewność pod hasłem: osoby są i raptem znikają, nie ma z nimi kontaktu, nie wiadomo dlaczego.

  Czasem się zdarza, że jesteśmy świadkami serii pogrzebów, bo starsze pokolenie w rodzinie odchodzi. Wtedy, jeżeli dziecku zafundujemy tyle „nagłych wyjazdów" babć, dziadków, może zacząć obawiać się, że świat tak właśnie wygląda. Kiedyś dziecko dojrzeje, zapyta i będzie miało pretensje, że było przed laty okłamywane. Jako maluch miało żal do babci, która „wyjechała" i np. nie przyszła na jego urodziny. Ma prawo teraz czuć się oszukane, że miało pretensje do babci, podczas gdy ona już nie żyła.

To zwykłe kpienie sobie z dziecięcych uczuć.
  Justyna Korzeniewska: To wmanipulowanie dziecka w sytuację, w której ono inwestowało nieadekwatne uczucia. Fikcja niczemu nie służy. Możemy dzieci przygotować do zrozumienia pojęcia śmierci, pamiętając, na jakim one są etapie. Przedszkolakom mówimy na poziomie konkretnym: „Babcia umarła, nie rusza się, nie żyje". Ale natychmiast dodajemy, i to jest bardzo ważne, że babcia bardzo wnuczka/wnuczkę ko-

chała. Teraz nawet, gdy bardzo chce, nie może już go odwiedzić i się z nim bawić. I tego nie można zmienić. Nie ma takiej siły, możliwości, która by tę sytuację odwróciła. Dziecko nie powinno myśleć, że tę sytuację można odwrócić. Starsze dzieci rozumieją perspektywę nieodwracalności śmierci, ale nie odnoszą tego do siebie, nie potrafią jeszcze przyjąć, że też mogą umrzeć. To zmienia się, gdy dzieci długo chorują i widzą zmiany w swoim ciele. Wtedy w pewnym momencie odczuwają, że odchodzą, natomiast przyjmują to naturalnie, bez nadawania temu wymiaru tragizmu.

Jak przedszkolaki radzą sobie z problemem śmierci?

Magdalena Sujka: Nie zapomnę nigdy pewnej ciszy na placu zabaw – było późne popołudnie, została tylko garstka dzieci. – Oho – jest za cicho – pomyślałam i poszłam do piaskownicy. Jeden z chłopców, Hubert, był zakopany po same uszy w piachu, wystawała mu tylko twarz. Wokoło powtykane były patyki, mlecze, kwiaty, był też krzyż. Wystraszyłam się, bo pracowałam w przedszkolu pierwszy rok, więc nie wiedziałam, że dzieciaki mogą mieć takie pomysły. Teraz już wiem, że to normalne. Śmierć jest częścią życia i nie ochronimy ich przed tym, tym bardziej że spotykają się z nią na co dzień i same takie sytuacje aranżują. Bawią się w wojnę i padają martwi. W baśniach Grimmów, w klasycznych wersjach, co i rusz ktoś umiera. A w bajkach Disneya...

Bambiemu zabili mamę...
Magdalena Sujka: A Simbie zginął tata. To są pierwsze wylane łzy po stracie kogoś. Umierają dziadkowie, umierają zwierzątka. Nie uciekniemy od pytań o śmierć. I nie warto od nich uciekać, bo wtedy dziecko sobie poszuka odpowiedzi na własną rękę.

Lepiej, żeby tak nie było.
Magdalena Sujka: Źródło nie zawsze musi być rzetelne i dostosowane do jego wieku. O śmierci mówimy prosto, krótko, bez większych szczegółów. Tak naprawdę dzieci nie tyle boją się śmierci (bo dla nich to pojęcie abstrakcyjne), ile rozstania. Jest taki okres w życiu dziecka, kiedy zaczyna mieć bardzo silne lęki separacyjne, boi się rozstania z mamą i bardzo często wyobraża sobie, że ona umrze. W takich sytuacjach trzeba po prostu dziecko uspokajać. Tłumaczyć: na każdego przychodzi pora. Zazwyczaj umiera-

ją ludzie starzy, ale może się zdarzyć, że młoda osoba też.

> Mówmy prawdę, bez szczegółów. Nie wnikajmy w anatomię: zatrzymanie akcji serca, wylew, rak. Im więcej bodźców działających na wyobraźnię, tym bardziej dziecko będzie z niej korzystało i tworzyło straszne historie. Zachęcam, żeby się odnieść do swojej religii, filozofii, w co kto wierzy. Najbardziej rozpowszechnioną katolicką wersją jest, że po śmierci idziemy do nieba. Można więc spokojnie powiedzieć, że ciało zasypia, że to głęboki sen, tylko bez oddechu. Że potem człowiek się budzi, a jego duch wędruje do lepszego świata.

A co z piekłem?

Magdalena Sujka: Dzieci wiedzą, za co się tam trafia, natomiast jeszcze nie usłyszałam, żeby ktokolwiek tam był. Każdy dziadek i każde zwierzątko jest w niebie. Dzieci skutecznie koją w sobie lęk i wysyłają bliskich do bezpiecznego miejsca. Jeżeli rodzice obserwują, że dziecko zaczyna mieć lęki, radziłabym unikać w języku zwrotów w rodzaju: "Zabijesz mnie", "Zamarzniesz na śmierć", "Umrzemy tu z nudów". Dziecko bardzo często bierze to dosłownie. Śmierć jest dla niego tajemnicza, ale w momencie, kiedy odkryje jej zasady, zaczyna być ona dla niego spokojniejszym tematem, który jest częścią życia.

A jak tłumaczyć śmierć ukochanego pupila?
Justyna Korzeniewska: Niestety wielu rodziców korzysta z całego wachlarza wybiegów, starając się okłamać dziecko. Szybko kupują drugiego identycznego chomiczka, żeby dziecko nie zauważyło zmiany i nie cierpiało. To w przypadku, kiedy chomik zdechł pod nieobecność małego właściciela. Dorośli nie doceniają bystrości dzieci, które zauważą subtelne różnice w futerku i zachowaniu: "O, chomik raptem zrobił się jakiś jaśniejszy (albo ciemniejszy)", "On nie bawi się tak jak wcześniej". Radzę nie deprecjonować emocjonalności dziecka wymyślaniem takich tanich wybiegów. Nie bójmy się, że dziecko zbyt gwałtownie przeżyje tę sytuację. Ono traci przyjaciela! Dzieci mocno się przywiązują do swoich żywych istot i na miarę ich emocjonal-

ności rozstanie się z nimi to olbrzymie wyzwanie. Rodzice robią błąd, patrząc na zwierzę jak na zabawkę. Czują, że mogą powiedzieć: „Kupię ci drugiego chomiczka, też nauczysz go takich sztuczek". A dziecko nie płacze dlatego, że chce mieć drugiego chomiczka, tylko dlatego, że nie żyje ten konkretny chomik. Uszanujmy emocje dziecka i spójrzmy na wydarzenie z jego perspektywy. Można powiedzieć: „To był twój przyjaciel, świetnie się nim opiekowałeś i ciekawie się razem bawiliście. Bardzo mi było przyjemnie patrzeć, jak razem spędzacie czas. Byłeś dobrym opiekunem". Natomiast jeżeli wprowadzamy perspektywę metafizyczną, duchową (czyli: istnieje jakieś dalsze życie, najczęściej określane w stosunku do dzieci jako „bycie u aniołków"), to warto wtedy wspomnieć, że ta postać, która odeszła (bo dla dziecka i babcia, i chomiczek są równie ważnymi istotami), jest zadowolona z tego, że miała tu na ziemi takiego przyjaciela i towarzysza zabaw. Dobrze pokazać, że to, co się dokonało, miało sens. Że chomiczek w „chomiczkowym niebie" opowiada innym chomiczkom, że miał takiego wspaniałego opiekuna. To łagodzi emocje dziecka w tej sytuacji.

JAK WYTŁUMACZYĆ DZIECKU ROZWÓD?

Justyna Korzeniewska, psycholog
i Magdalena Sujka, nauczycielka wychowania przedszkolnego

W Polsce na trzy małżeństwa jedno się rozstaje. Prawie 40 proc. z rozwodzących się par ma dzieci. Kilkadziesiąt tysięcy dorosłych musi swoim dzieciom wytłumaczyć, dlaczego mama i tata się rozstają. Czy jest możliwe wyjaśnienie dziecku rozwodu?

Justyna Korzeniewska: Bardzo ważne jest, aby zapewnić dziecko, że – nawet jeśli dorośli już się nie kochają i nie mieszkają razem – ich uczucia do niego są niezmienne. Rodzice muszą się przygotować na to, że po rozwodzie miłość ich dziecka już nigdy nie będzie taka sama. Od teraz będzie jej towarzyszyła tęsknota za jednym lub drugim rodzicem. Nawet jeżeli dziecko jest w systemie opieki naprzemiennej (przez tydzień jest u mamy, przez tydzień u taty), przez cały czas tęskni. Musi też czekać, kiedy okaże miłość drugiemu rodzicowi. Zastanawia się też: „Czy ja dalej kocham tatę/mamę? I czy ona/on mnie kocha?". Dla małych dzieci nawet kilkudniowe czekanie bardzo się dłuży. Z praktyki wiem, że mimo deklaracji o stałości uczuć, sytuacja po rozwodzie może się zmieniać. Pojawia się zazdrość jednego rodzica o relacje dziecka z byłym partnerem czy partnerką. Mama wcale nie cieszy się, kiedy tata odwiedza dziecko i spędza z nim ciekawie czas. Syn czy córka wracają do domu i mówią, że z tatą było świetnie, a mama – robi się smutna. Rodzice: jeżeli zapewniacie dziecko o swojej miłości, bądźcie konsekwentni. Porozmawiajcie ze sobą, że jednak BĘDZIECIE cieszyli się z tego, że dziecko spędza atrakcyjnie czas z waszym ekspartnerem lub byłą partnerką. Jeżeli tego nie zrobicie – bardziej niż pewne, że skrzywdzicie swoje dziecko.

Czego na pewno dzieciom nie mówić?

Justyna Korzeniewska: Niczego złego na temat swojego ekspartnera/ki. Nawet jeżeli mamy przekonanie, że to rzeczywiście zły człowiek. Ambiwalencja w uczuciach jest czymś naprawdę trudnym dla dzieci. Te wszystkie: „Chciałabym i boję się", „Kocham i nienawidzę", „Chcę, i nie chcę", są trudne nawet dla dorosłych. Kilkuletnie dziecko nie jest na to przygotowane. Przy okazji można mu zaszczepić poczucie winy, bo: „Jeżeli kocham tatę, to sprawiam przykrość mamie, którą też kocham". Dziecko tego nie udźwignie. Gorszej gmatwaniny emocjonalnej nie można sobie wyobrazić. Dziecko powinno wiedzieć, że może rodzica kochać po swojemu. Tak jak dotąd albo inaczej (bo sytuacja jest inna), ale równie mocno. Będzie wtedy w lepszym kontakcie z każdym z rodziców i będzie miało bardziej komfortowe warunki do okazywania uczuć. Jeżeli taka równowaga nie zostanie wypracowana, dzieci będą w obecności taty narzekały na mamę i na odwrót. Będą wiedziały, że dorośli pragną i oczekują od nich takiej informacji.

Jak się w tym wszystkim czuje dziecko?

Justyna Korzeniewska: Dziecko spełnia oczekiwania jednej ze stron. Zamiast skupić się na tym, jak mu jest dobrze z mamą lub tatą, na autentycznym byciu z rodzicem, zastanawia się, jaką ma rolę odegrać, żeby dorosłym było miło. Chcąc nie chcąc, wchodzi w rolę rodzinnego terapeuty dla pokaleczonych rodziców. Każdy przyzna, że jest to zdecydowanie za duże obciążenie dla kilkulatka. Już 3-, 4-latki zabierane przez drugiego rodzica potrafią manifestować: „Nie chcę jechać do taty".

Chociaż się cieszą.

Justyna Korzeniewska: Oczywiście. Kiedy mama znika i zostają tylko z tatą, są absolutnie zadowolone, bawią się, miło spędzają czas.

Można przygotować dziecko do rozwodu?

Justyna Korzeniewska: Przygotować w sensie uprzedzić o czymś, co nastąpi – nie bardzo. Małe dzieci nie obejmują swoim umysłem odległej perspektywy czasowej. Proces rozwodowy trochę trwa, więc mówienie, że za kilka miesięcy tata się wyprowadzi, nie uświadomi dziecku tego, co je czeka. Poza tym sytuacja w parze może być na tyle skomplikowana, że fakt wyprowadzenia się taty z domu wcale nie musi być znaczący, bo rodzice już wcześniej rozstawali się i wracali do siebie, tata mieszkał w domu lub wyprowadzał się na pewien czas. Wobec tego, kiedy dziecko słyszy: „Tata się wyprowadzi", może nie wiedzieć, co to właściwie teraz oznacza i czym ta wyprowadzka będzie różniła się od poprzednich. Warto zastanowić się w takiej sytuacji, co będzie dla dziecka wyraźnym sygnałem, że rodzice się rozstają. Radzę nie przeszacowywać swoich umiejętności. Nie zakładać: „Ja sama/sam dam radę, wyjaśnię wszystko dziecku, uspokoję je". Skoro celem jest wyciszenie dziecka, żeby nie przyjęło tej sytuacji jako zagrożenia, to mama nie może mieć łez w oczach, trzęsącej się brody i urywającego się głosu. Oczywiście, że ono musi usłyszeć wyjaśnienie, ale raczej nie wtedy, kiedy emocje rodziców są największe i pełno jest sprzeczności między zachowaniem mamy i taty a tym, co się dziecku mówi. Może dobrze poprosić o pomoc psychologa, kogoś z rodziny. Ważna rzecz: dziecko może mieć poczucie winy, że rodzice rozstają się z jego powodu. Dorosłych to zaskakuje, bo wydaje się im, że dzieci są egocentryczne i myślą tylko o sobie. Tymczasem dzieci mają często bardzo irracjonalne poczucie winy.

Skąd ono się bierze?

Justyna Korzeniewska: Dziecko patrzące na świat z własnej perspektywy widzi swój udział w różnych zdarzeniach. Było trochę nieznośne. W którymś momencie tata powiedział: „Już nie mogę wytrzymać, chyba pójdę w świat i nie wrócę". Oczywiście on nie miał na myśli nic dosłownego, ale za jakiś czas rzeczywiście wyjeżdża. Potem rodzice się rozstają. Dziecko może być absolutnie przekonane, że to z powodu jego kaprysów i harców. Albo mama mówi: „Już z tobą nie wytrzymam, od twoich krzyków głowa mi pęka". Potem w trakcie rozwodu mama rzeczywiście często płacze, kładzie się do łóżka, mówi, że ją głowa boli i dlatego ma czerwone oczy. Dziecko wnioskuje, że właśnie ono doprowadziło mamę do ciężkiej choroby. Dzieci nie zapytają: „Mamo, czy jesteś chora dlatego, że ja tak krzyczałem i byłem taki nieznośny?". Nie mówi, ale tak właśnie myśli. Warto zwrócić na to uwagę, zapewnić je nawet na wyrost, że nie ma w tym żadnej jego winy. Zapewnić, że to ono jest tutaj spoiwem, dlatego nawet jeżeli tata się wyprowadza i tak będzie się z nim spotykał. Dlatego że go kocha i ono jest źródłem szczęścia rodziców. Jeżeli zostawimy całą sytuację bez komentarza, dziecko będzie żyło z ogromnym poczuciem winy.

Magdalena Sujka: Rozwody się zdarzają – i czasami dobrze, bo kłótnie i awantury nie służą dobrze dziecku. Jeżeli skłóceni w końcu się rozstaną, może to być dla dziecka błogosławieństwo. Dzieci bardzo często boją się, że nie zobaczą rodzica, który odchodzi. I te obawy nie są bezpodstawne. Często w parach, które się rozwodzą, kontakt z jednym z rodziców (najczęściej z ojcem) po prostu zamiera. Mogę zrozumieć: dziecko zostaje przy matce, a druga strona (albo obie) jest skupiona na tym, żeby poukładać sobie życie. Ale zostawienie dziecka samemu sobie i pokazanie, że rodzicom na nim nie zależy, to fundowanie mu traumy. To, co przeżyje teraz w czasie rozwodu, za kilka lat ujawni się w jego nieśmiałości, poczuciu wstydu, wyobcowaniu, braku umiejętności do stworzenia prawidłowych relacji.

> **Do piątego roku życia dziecko przyswaja sobie podstawy miłości między rodzicami i ich relacji, uczy się rozwiązywania konfliktów. Zdobywa coś, na czym potem będzie budowało swoje życie.**

Ważne jest, żeby rodzic, który przestaje mieszkać z dzieckiem, nie bał się, nie zaniedbywał, nie stawał się weekendową postacią. „Weekendowy tata" zaburza perspektywę postrzegania rodziców. Przyjeżdża, weźmie na lody, do parku i do kina. Finansowo zrekompensuje cały okres, w którym go nie było. Odbija się to na relacji dziecka z mamą. Bo mama nagle robi się tą złą, bo daje zakazy, nie pozwala, nie kupuje. Słyszymy o tym od dzieci w przedszkolu: „Wolałabym/wolałbym mieszkać u tatusia, bo tatuś jest fajniejszy". A tu nie chodzi o to, że jeden rodzic ma być fajniejszy od drugiego. Dla dobra dziecka powinni usiąść i przeprowadzić bilans swojego wspólnego życia, i stwierdzić, co mogą zrobić wspólnie, żeby dziecku pomóc. Bardzo mi się podoba kampania „Jestem mamy i taty". Pokazuje, że często rozwody kończą się wyszarpywaniem sobie dziecka. – Ono jest moje, nie dam ci prawa do niego, nie dostaniesz go, nie będziesz go widział – takie słowa często padają między ekspartnerami. To jest prawdziwy dramat dla dzieci, używanych jako zakładnicy miłości, która się między dorosłymi zakończyła.

DZIECKO CZEKA NA RODZEŃSTWO

Magdalena Sujka, nauczycielka wychowania przedszkolnego

Oczekiwanie na brata czy siostrę to jest taki czas, kiedy mały książę (lub księżniczka) traci tron. Zazwyczaj dziewczynki wyobrażają sobie, że będą się dzidziusiem opiekowały, kąpały go i karmiły. A chłopcy mają wizję brata, z którym mogą się od razu bawić. Niestety, przyjście na świat rodzeństwa jest trochę rozczarowujące.

> **Niefortunne wydaje się wysyłanie starszego dziecka do szkoły czy przedszkola w tym samym czasie, kiedy w domu pojawia się najmłodszy członek rodziny. Chyba że jest to konieczne i nie ma innego wyjścia. Niedawno trójka dzieciaków przyszła we wrześniu do przedszkola, parę tygodni wcześniej urodziło im się młodsze rodzeństwo. Dzieci były absolutnie rozgoryczone tym, że mama je porzuciła, a one tracą miłość i muszą iść do jakiejś obcej instytucji.**

Czas ciąży dobrze jest przeznaczyć na przygotowanie dziecka na przyjście młodszego rodzeństwa. Dobrze zadziała kąpanie i przebieranie lalek. Można we wspomnieniach wrócić do czasów dzieciństwa starszego dziecka, kiedy to ono musiało być kąpane i przebierane – można poglądać zdjęcia z tego okresu, powspominać. Kiedy noworodek będzie już na świecie, u starszego może się pojawić swojego rodzaju regres rozwojowy, np. może znowu zacząć moczyć się na placach zabaw albo domagać się nocnika, pampersa. Bardzo często znowu chce jeść z butelki. To jest normalne, dziecko po prostu widzi, że młodszy brat lub siostra dostaje więcej uwagi ze strony rodziców i jego/jej potrzeby są bardziej spełnione. Nie demonizowałabym tego i nie zawstydzała go, ale skupiła się pozytywnie na starszym dziecku, żeby poczuło się kochane. Dobrze pokazać starszemu dziecku korzyści z tego, że jest starsze. Można zaznaczać: „Zobacz, mały Krzysio idzie już spać, a ty możesz się jeszcze godzinę pobawić, bo jesteś starszy", „Widzisz, jesteś już taki duży, że możesz się kąpać długo sam, a Krzysio jest kąpany szybko". Takie przywileje starszego rodzeństwa bardzo dobrze wpływają na dziecięce ego.

Jako wychowawcy zauważamy mocną zmianę w dziecku, któremu rodzi się młodsze rodzeństwo. Do tej pory było zadowolone, lubiło przychodzić do przedszkola. I nagle – łubu dubu – zaczynają się płacze, trudności z rozstaniem w szatni, popłakiwania w czasie dnia. Widzimy sygnały, że dziecko nie do końca czuje się pewne, potrzebuje więcej uwagi, więcej akceptacji. A u rodziców często widzę skrajności: faworyzują starsze albo młodsze. Natomiast najlepiej jest, kiedy akceptuje się te emocje, które są w dziecko. Dobrze jest dać mu prawo do niezadowolenia, nielubienia (chwilowego, rzecz jasna) młodszego rodzeństwa. Ale nie wolno akceptować jakichkolwiek agresywnych zachowań względem malucha. Dziecku trzeba powiedzieć, że nie ma na to zgody.

BRZYDKIE SŁOWA

Justyna Korzeniewska, psycholog
i Magdalena Sujka, nauczycielka wychowania przedszkolnego

Dlaczego te słowa są tak atrakcyjne dla dzieci?

Justyna Korzeniewska: To uniwersalna cecha wszystkich języków. Sama warstwa fonetyczna danego słowa nie ma żadnego związku z treścią, którą niesie. Na przykład mówiąc słowo „Warszawa", nie widzimy rozpędzonego, tłocznego, dynamicznego miasta. Natomiast przy słowie na „k" lub innym, w którym rozbrzmiewa sporo spółgłosek „r", czujemy, że swoim brzmieniem ono oddaje to, co czują ludzie w chwilach frustracji, zdenerwowania. Dlatego tak chętnie po te słowa sięgamy. One pomagają odreagować.

Magdalena Sujka: W piątym roku życia dziecko zaczyna się bawić słowem i pociągają je wyrazy niebezpieczne. W przedszkolu reagujemy na takie słowa stanowczo i dzieci o tym wiedzą. Oczywiście omijają system i wymyślają bardzo podobne, te słowa, które są akceptowane, np. „pupa" staje się najgorszym przekleństwem w przedszkolu. Niestety, im się bardziej na to reaguje, tym bardziej słodko smakuje zakazany owoc.

Pięciolatek czy sześciolatka przychodzi i mówi: „Kurwa mać, mamusiu". I co?

Justyna Korzeniewska: Dziecko usłyszało to słowo z towarzyszeniem czyichś emocji. Zapamiętało, że słowa są ich nośnikiem. Wobec tego, kiedy u niego pojawiają się podobne uczucia, natychmiast przyjdzie chętka, żeby skorzystać z tego słowa. Początkowo dzieci nie znają jego znaczenia i używają go w niewłaściwych kontekstach. Przekleństwa, które dotyczą formy żeńskiej, potrafią zastosować do mężczyzn i odwrotnie. Jeżeli dziecko usłyszy tzw. brzydkie słowo od rodziców wypowiedziane w emocjach i frustracji, a tym bardziej, gdy na co dzień oni takich słów nie używają, na 100 procent je zapamięta. Maluch używa ich albo żeby się przed rodzicem popisać: „Odkryłem wszystkie cudowne właściwości niektórych słów", albo kiedy samo przeżywa złość i ma podpowiedź społeczną – takich słów używa się w chwilach zdenerwowania.

Magdalena Sujka: Bardzo często maluchy są po prostu zaciekawione. Poznają rzeczywistość, poznają nowe znaczenia wyrazów, wszyscy tłumaczą, co to jest jutrzenka, bilet okresowy, komornik. Skomplikowane wyrazy są tłumaczone bez problemu i nagle przychodzi wyraz, który jest tematem tabu. Im bardziej bronić będziemy tego tabu, tym bardziej zapadnie dziecku w głowie. Dziecko nie przyjdzie do rodzica i nie powie tego wyrazu, ale z kolegą na podwórku cichaczem, jak nikt nie będzie słyszał, wszystko sobie powiedzą.

Jak tłumaczyć, że tak nie wolno, zwłaszcza kiedy usłyszało takie słowo w domu?

Justyna Korzeniewska: Skoro rodzic i sąsiad to zrobili, a inne dzieci na podwórku też, to dlaczego ono nie może? Skutecznym, chociaż pracochłonnym sposobem będzie metoda uczenia dziecka wyrażania swojej frustracji. Można je zapytać: „A inaczej jakbyś mi to powiedział?". Albo: „Co innego możesz teraz zrobić, bo widzę, że jesteś zły?". Jeśli dziecko nie ma pomysłu, to podpowiadamy mu: „Możesz sobie potupać, możesz sobie poboksować swoją *poduszkę nerwuskę*, ale takich słów nie możesz używać".

Poduszkę nerwuskę?

Justyna Korzeniewska: Tak.

Warto mieć coś takiego?

Justyna Korzeniewska: Warto mieć, zwłaszcza kiedy nasze dziecko często wpada w złość. Są takie przedmioty, którym możemy nadać określone znaczenia. Może to być lekka poduszka lub piankowa piłka. Dziecko może z nimi robić różne rzeczy. Najważniejsze, żeby nie używało agresji w stosunku do innych. Poduszka nerwuska jest skuteczna tylko wtedy, kiedy służy jednemu celowi: rozładowaniu emocji. Jeżeli dziecko będzie raz na tej poduszce spało, a innym razem powiemy mu: „Poboksuj się z nią", to nie będzie miało większego sensu.

Magdalena Sujka: Na pewno dziecko powinno wiedzieć, że są wyrazy, których nie używamy w stosunku do innych. Warto powiedzieć, że one krzywdzą innych, sprawiają, że ktoś się czuje gorszy. 5-latki doskonale zdają sobie z tego sprawę. Nigdy nie powiedzą do rodziców takiego słowa.

KIEDY MOJE DZIECKO BIJE INNE DZIECI

Magdalena Sujka, nauczycielka
wychowania przedszkolnego

Niektóre małe dzieci mają problem z wyrażeniem emocji. Co mam robić, kiedy moje dziecko w przedszkolu bije innych?

Na początku trzeba porozmawiać z nauczycielem. On powinien zaobserwować, w jakich sytuacjach się to zdarza. Najczęściej będą to momenty, w których dziecko czuje się pokrzywdzone. Bawi się spokojnie samochodem, podchodzi do niego Jaś i wyrywa mu auto. Więc Krzyś wyciąga rękę i wymierza Jasiowi sprawiedliwość. Inna sytuacja jest wtedy, kiedy dziecko jest po prostu agresywne.

Czyli bije bez powodu?

Tak. Ktoś stoi koło niego, a ono podnosi rękę i uderza w głowę. Bez jakichkolwiek pobudek. Pytane później, dlaczego tak się stało, odpowiada: „Bo się na mnie patrzył, bo stał".

Co wtedy?
Rodzice razem z nauczycielem powinni się zastanowić, dlaczego dziecko bije?

> Czy chce zwrócić na siebie uwagę, bo rodzice mało się nim interesują i czuje się porzucone? Może nauczyło się, że rodzice zauważają jego obecność tylko wtedy, gdy robi złe rzeczy?

To smutne.
I niedobre. Jedna z metod, którą mogę zarekomendować, to odwrócenie sytuacji. Kiedy dziecko robi coś złego – rodzice kompletnie nie powinni zwracać na to uwagi. Natomiast, jeżeli zachowuje się dobrze – trzeba je wychwalać. Nawet jeżeli po prostu zje kanapkę. Dziecko to na pewno zauważy. I zmieni swoje zachowanie. Może się zdarzyć, że dziecko bije dlatego, że samo jest bite. Nie mówię o katowaniu dziecka i wymierzaniu bolesnych kar. Nawet niewinne klapsy są dla dziecka upokarzające. Często rodzice myślą: „Klapnę delikatnie, dziecko nawet nie poczuje bólu". Nie ból

jest ważny, tylko nauka z tego wyniesiona. Brzmi ona: rację ma ten, kto jest silniejszy. Kiedy dziecko wchodzi w grupę rówieśników (wie, że z rodzicami nie wygra, bo są silniejsi), będzie biło inne dzieci. Dziecko bite bije. Taka jest prawda.

A jeżeli się naogląda agresywnych bajek?

Też może bić. Bo dla niego sceny walki będą kojarzyły się z zabawą. W naszym przedszkolu mamy definitywny zakaz posiadania pistoletów. Oczywiście dzieci są bardziej cwane i budują pistolety z klocków. Więc jest definitywny zakaz budowania pistoletów. Dlatego teraz budują... sikawki strażackie. Obchodzą system, ale walczymy z tym. Niestety, w rezultacie to tak naprawdę nakręca dziecko na zabawy agresywne, nawet jeżeli one są na niby.

W jaki spsób dziecko, które bije, jest traktowane przez grupę?

Prędzej czy później będzie izolowane. Dzieci nie chcą się z kimś takim bawić, nie zapraszają do zabawy, bo wiedzą, z czym to się wiąże. Raz i drugi mogą dać się nabrać, ale jak zarobią parę kuksańców, to po co im kolejne?

Odrzucenie działa na niekorzyść dziecka, które bije. Jeśli rodzice nie będą z tym nic robili, ryzykują, że maluch będzie izolowany. Kiedy mamy takiego rozrabiakę w grupie i zapytamy: „Kto wysypał klocki?" wszyscy odpowiedzą, że Jasio. Mimo że Jasia od tygodnia nie ma w przedszkolu, bo choruje. To bardzo niebezpieczne. Dziecko zaczyna się zachowywać tak, jak wymaga tego od niego otoczenie. Inne dzieci szybko się z tą myślą oswajają, odrzucają go od siebie z grupy i dziecko łapie frustrację, że nie może się z tymi dziećmi pobawić. Frustracja zamienia się w agresję i krąg się zamyka. Jeżeli dziecko poprawia swoje zachowanie, rolą nauczyciela jest odpiąć przypiętą mu łatkę agresora.

A co robić, jeśli bite jest moje dziecko?

Pierwsze, co powinniśmy zrobić, to porozmawiać z dzieckiem, w jakiej to się zdarzyło sytuacji i co się dokładnie zadziało. Czy zrobiło coś złego? Następnym krokiem jest rozmowa z nauczycielem. Razem z nim rodzice powinni ustalić schemat zachowania oraz przeanalizować sytuację, w której dziecko zostało pokrzywdzone. Może się zdarzyć, że dziecko, owszem, zostało uderzone, ale przez przypadek lub w ramach odwetu za uderzenie kogoś innego. Maluch nie ma jeszcze ukształtowanej moralności i poczucia sprawiedliwości, więc jego punkt widzenia jest bardzo subiektywny.

**„Moje dziecko nigdy nie zrobiło nic złego"
– odpowie każdy rodzic.**

Nie zdarza się, żeby dziecko było bite, a nauczyciel nie reagował. Jeżeli o tym nie wie, to dlatego, że pewnie zdarzyło się to z dala od jego oczu. Trzeba powiedzieć dziecku, że kiedy jest wymierzana niesprawiedliwość, nie powinno się na to godzić. Niestety, w kość dostają dzieci bardziej spokojne i wycofane. Pozwalają, żeby inne dzieci je biły, i nie reagują.

Nie przyjdzie, nie poskarży?

Uczmy dzieci: „Jeżeli ktoś ci zrobił krzywdę albo bije kogoś innego, powiedz o tym nauczycielowi".

> **Rodzice tłumaczą: „Jeśli ktoś cię uderzył, to też go uderz". Niczego to nie uczy. Trzeba dziecku powiedzieć, żeby samo nie wymierzało sprawiedliwości. Mały człowiek nie jest w stanie ustalić, czy jest pokrzywdzonym czy winowajcą. Od tego jest ktoś, kto jest w stanie to stwierdzić, czyli nauczyciel.**

KIEDY DZIECKO KŁAMIE

Justyna Korzeniewska, psycholog dziecięcy
Magdalena Sujka, nauczycielka wychowania przedszkolnego

Wiemy, że nasz maluch kłamie. Co robić?
Justyna Korzeniewska: To zależy od wieku dziecka. Zwłaszcza 3-, 4-latki, ale zdarza się także sześciolatkom, mają problem z odróżnianiem fikcji, fantazji, marzeń, pragnień od świata rzeczywistego.

Nie kłamią celowo?
Justyna Korzeniewska: Nie kłamią celowo, z premedytacją, chociaż bardzo często mówią nieprawdę. Do 6. roku życia dzieci są bezkrytyczne wobec swojego umysłu. Wydaje im się, że jeśli sobie coś wymarzyły, wymyśliły, wyśniły, to jest to prawda. Obserwujemy to na przykład w następującej sytuacji – stawiamy dziecku warunek: dostanie nagrodę, jeżeli będzie grzeczne. Nie jest. Kiedy je pytamy: „Czy byłeś grzeczny i zasłużyłeś na nagrodę?" – odpowie z pełnym przekonaniem, że tak.

Skłamało?

Justyna Korzeniewska: Nie, raczej nie potrafi odróżnić swojego wewnętrznego świata od realności. Jest przekonane, że było grzeczne, bo bardzo chciało takie być. Swoje pragnienia i marzenia bierze za rzeczywistość. Małe dziecko potrafi wierzyć, że posprzątało pokój, chociaż tego nie zrobiło. Jest przekonane: „Tak, posprzątałem", tylko dlatego, że dużo myślało o tym, że powinno uporządkować zabawki.

Czy sześciolatek już kłamie świadomie?

Justyna Korzeniewska: Tak, ale raczej nie z premedytacją. Natomiast radziłabym już 3-, 4-, 5-latkowi, który, chociaż niegrzeczny, przekonuje, że był grzeczny, dawać wyraźną informację zwrotną. Na przykład: „Rozumiem, że chciałeś dobrze się zachowywać, ale musisz następnym razem bardziej się postarać. Teraz chciałeś być grzeczny, ale jeszcze ci się nie udało. Wierzę, że następnym razem będzie lepiej". Dzięki temu jako 6-latek będzie znał granicę między tym, co się mu wydaje, a stanem faktycznym, między tym, czego pragnie, a co rzeczywiście robi. Tylko trzeba dać mu czas do zmierzenia się z granicą między swoim umysłem a światem zewnętrznym. Jeżeli zobaczymy, że kłamie intencjonalnie, żeby np. wyłudzić nagrodę albo uniknąć kary, należy zacząć je wprowadzać. Najlepiej jeśli kara jest naturalną konsekwencją tego, co dziecko zrobiło niewłaściwie. Jeżeli skłamało, że było grzeczne, domagamy się, żeby przeprosiło babcię, przy której rozrabiało. Może coś jej narysować lub zrobić coś miłego.

Czasami dzieci fantazjują na temat tego, co dzieje się w domu. Opowiadają te historie w przedszkolu. Ma się to nijak do rzeczywistości.

Magdalena Sujka: Taki urok dzieci. Musimy sobie zadać pytanie, czy dziecko kłamie, czy zmyśla, bo to są dwa pojęcia.

Rozgraniczmy je.

Magdalena Sujka: Kłamanie jest intencjonalne, ma na celu np. uniknięcie kary. Dziecko jest świadome tego, że przedstawia zafałszowany obraz rzeczywistości. Zmyślanie jest wtedy, kiedy do opowieści dziecka nieświadomie i mimowolnie zakradają się nieprawdziwe treści. Często nazywamy to fantazjowaniem. Dziecko do 4. roku życia nie rozróżnia fikcji od rzeczywistości, dopiero 5-latek zada nam pytanie o to, jak Mikołaj wchodzi do domu, skoro nie ma komina.

Zaczyna sobie uświadamiać, że bajki w telewizji nie są prawdą.

Znam to: długo musiałam tłumaczyć pięcioletniemu Fryderykowi, że mistrz Yoda nie istnieje...

> Dzieci zazwyczaj zmyślają lub kłamią z konkretnego powodu. Chcą zaimponować rówieśnikom czy nauczycielce. Może potrzebują uwagi, bo myślą, że nie mają nic interesującego do powiedzenia? Wolą zmyślić coś spektakularnego, żeby pani wychowawczyni z nimi porozmawiała. Mogą też zmyślić, bo chcą coś ukryć lub uniknąć kary.

Jak powinniśmy reagować?

Magdalena Sujka: W przypadku 3-latków, które mają cudną wyobraźnię i umieją z niej korzystać, można wejść w dialog, w zabawę. Byle dać dziecku wyraźnie do zrozumienia: „Ja wiem, że to nieprawda". Można więc mówić:

„Gdyby tak było", albo „Załóżmy, że byłabym tą królową".

Albo: „W naszym wymyślonym świecie". Pamiętam, że tak rozmawiałam z dziećmi.

> **Jeżeli dziecko zmyśla, aby unikać problemów i my o tym wiemy – nie starajmy się go przyłapać na kłamstwie. Jedno kłamstwo pociągnie za sobą drugie.**

Magdalena Sujka: Warto 3-latkowi (bo starszemu dziecku jest łatwiej wytłumaczyć) odpuścić. Starszemu trzeba już dać do zrozumienia, że wiemy o kłamstwie. Często dzieci najzwyczajniej w świecie nie chcą się przyznać do kłamstwa. Warto pokazać, że mówienie prawdy jest lepsze, bardziej doceniane. Dobrze powiedzieć: „Jesteśmy z ciebie dumni, że się przyznałeś".

Niebagatelny jest w tym nasz udział: i rodziców, i nauczycieli. Jeżeli my będziemy kłamać, to dziecko będzie także kłamało. Jeśli zapewnimy je, że nie będzie w przedszkolu zupy jarzynowej, a dziecko przychodzi i ją widzi – to nie jest to dla niego żadna nauka prawdomówności.

WYMYŚLONY PRZYJACIEL

Justyna Korzeniewska, psycholog
i Magdalena Sujka, nauczycielka wychowania przedszkolnego

Mój średni syn wymyślił przyjaciela. Opowiadał mi o jakimś chłopcu. Byłam przekonana, że to jego kolega z przedszkola. Po czym okazało się, że to dziecko nie istnieje. Pamiętam, że bardzo mnie to zastanawiało, pytałam siebie, dlaczego tak się dzieje i czy nie jest to jakiś deficyt?

Justyna Korzeniewska: Wymyślony przyjaciel to naturalna fizjologiczna, psychologiczna reakcja dzieci w pewnym wieku. Co ciekawe, wielu rodziców nie wie, że część zabaw dzieci, o których opowiadają, odbywa się z nieistniejącym kolegą. Opowieści dzieci są tak mocno osadzone w realiach, że trudno odróżnić prawdę od fikcji. Taka postawa jest charakterystyczna dla dzieci między 2. a 5. rokiem życia, czasami potrafi przetrwać jeszcze u sześciolatków. To jest związane z tym, o czym mówiłam przy wyjaśnianiu zawiłości dziecięcego kłamstwa: nieodróżnianiem świata wewnętrznego od zewnętrznego. To zawsze jest wyraz potrzeby dziecka: „Chcę mieć takiego przyjaciela i bawić się z nim w taki sposób, w jaki chcę".

Magdalena Sujka: Wymyślony przyjaciel to żaden problem. Jedynaki albo najstarsze w rodzinie muszą sobie wymyślić takiego przyjaciela, bo nie mają się z kim bawić. Wymyślony przyjaciel służy czasami temu, żeby zrzucić na kogoś winę. Lub żeby on mógł zrobić coś, na co dziecku brakuje odwagi. Nigdy nie jest bez powodu. Dziecko stwarza go sobie z potrzebnym zestawem cech. Może być projekcją lęków, marzeń. Często znika, kiedy dziecko mające problemy z relacjami wśród rówieśników nagle znajduje sobie prawdziwego przyjaciela. Może okazać się dużo bardziej atrakcyjny od wymyślonego, bo realnie bawi się samochodem. Radzę rodzicom, żeby się niespecjalnie wtrącali w życie wymyślonego towarzysza. Jeżeli dziecko poprosi o wspólną zabawę ze sobą i przyjacielem, to wchodźmy w tę konwencję.

Przyjaciel zazwyczaj jest bohaterem?

Justyna Korzeniewska: Jest bohaterem i to bardzo pozytywnym. Ma bardzo ważną rolę do odegrania: spełnia oczekiwania dziecka – opiekuje się nim, dzieli się niewidzialnym dobrem, wybawia z opresji. Zalecam więc czujność rodzicielską: jeżeli słyszymy opowieść dziecka o jakimś naprawdę cudownym przyjacielu i o wspaniałych z nim zabawach, trzeba się zastanowić, czy to prawdopodobne, żeby gdzieś było takie dziecko, które jest chodzącym ideałem.

Dobrze, a jak już wiemy, że go nie ma, mówimy to dziecku?

Justyna Korzeniewska: Stworzenie sobie tego fikcyjnego przyjaciela wynika z głębokiej potrzeby, wiec najpierw zastanówmy się, czego dziecku brakuje. Potrzeba musi być niezaspokojona, skoro dziecko tworzy fikcję i tyle czasu jej poświęca. Jeżeli chcemy z tym fikcyjnym bohaterem się rozprawić, wyperswadować dziecku, że go nie ma, to zastanówmy się, co damy w zamian.

I czy warto w ogóle się z nim rozprawiać?

Justyna Korzeniewska: Właśnie. Kontakt z rówieśnikami jest ograniczony, a my dorośli często nie możemy zaoferować równie atrakcyjnych zabaw. Dziecko nie chodzi jeszcze do przedszkola, nie ma stałych towarzyszy zabaw, więc trzeba być ostrożnym z tępieniem wymyślonego przyjaciela? Jest pytanie, które powinien zadać sobie rodzic: A może ja mógłbym (mogłabym) się stać takim wymyślonym, czyli idealnym przyjacielem dla mojego dziecka? Jeżeli już o tym rozmawiamy z dzieckiem, to niech ta rozmowa przebiegnie tak: „Bawiłeś się tak na niby ze swoim przyjacielem (określenie „na niby" dzieci rozumieją) i teraz ja chciałabym się z tobą pobawić, tak jak ty z tym przyjacielem. Pokaż mi, jak to robicie – jestem bardzo ciekawa(y)". Wtedy taka interwencja ma sens, bo samo powiedzenie: „Nie kłam, takiego przyjaciela nie ma, nie opowiadaj mi bajek" i powiedzenie: „To idź się pobaw do swojego pokoju", to okrucieństwo wobec dziecka. Takim postępowaniem wcale mu nie pomożemy dojrzeć umysłowo, a tylko zranimy jego uczucia. Bo zarzutu, że skłamało, naopowiadało bzdur, dziecko w ogóle nie rozumie.

Bo oczyma wyobraźni widzi tego przyjaciela?

Justyna Korzeniewska: Co więcej: ma związane z nim miłe wspomnienia. To jest dla niego szalenie przyjemny czas, kiedy myślało o przyjacielu. Dla dziecka to jest dziwaczne, jeżeli rodzic mówi, że tego czasu nie było. Myśli wtedy: „Jak to? Nie było tej przyjemności, którą czułem? Było mi tak fajnie!". Wtedy rodzice tracą autorytet, bo dziecko odwraca sytuację i uważa: „To oni wymyślają jakieś głupstwa!".

MAMO, KUP MI TO. JA CHCĘ!

Justyna Korzeniewska, psycholog

Klasyczna scena z rzucaniem się na podłogę. Znajoma bezradnie stanęła kiedyś w sklepie nad swoim dzieckiem. Jakiś „troskliwy" pan skomentował kąśliwie: „Przydałaby się tutaj Superniania".

Dzieci mają różne pragnienia i chciałyby je realizować. Nie potrafią odroczyć gratyfikacji i poczekać na nagrodę. Nie lubią mierzyć się z frustracją – i to jest normalne. Natomiast gwałtowne wybuchy wynikają z tego, że dziecko wiele razy się przekonało, że w imię świętego spokoju mama się ugnie.

Bo, jak wiadomo, cisza jest bezcenna...

Niestety, cisza jest krótkotrwała i generuje takie wybuchy za każdym razem. Poza tym rodzice nieumiejętnie odmawiają. Najczęściej mówią: „To jest drogie, nie mam pieniędzy". A dziecko uważa, że tę zaporę można sforsować i skądś te pieniądze wyczarować. Ponieważ nie zarabia, to naturalne jest, że nie zna wartości pieniądza. Obserwuje jedynie szeroką dostępność pieniądza, który przecież mama „wyciąga ze ściany". O tym, że na koncie nic nie ma – ono nie wie.

Jak to wytłumaczyć?
Należy pokazać dziecku, że kupujemy tylko to, czego naprawdę potrzebujemy. Ta metoda zda egzamin wtedy, jeżeli dziecko widzi, że rodzic odmawia również sobie. Bo dodatkową rzeczą, która napędza dzieci do gwałtownych protestów, jest przekonanie, że rodzice sobie kupują wszystko. Czasem trzeba po prostu zamanifestować przed dzieckiem: „To mi się bardzo podoba, ale wiem, że nie potrzebuję, więc nie kupuję". Warto odegrać scenkę: przymierzyć ubranie, zapytać dziecko: „Ładnie wyglądam?", ale potem – niestety – zostawić to w sklepie.

Ale czasami może warto, aby dziecko nas przekonało, że właśnie TEJ RZECZY naprawdę potrzebuje?
Żeby przekonać się, że dziecko naprawdę skorzysta z kupionej mu przez nas rzeczy, można zapytać: „Co będziesz z tym robił? Do czego potrzebujesz? Wytłumacz mi to". Wszystko po to, aby dziecko zrozumiało, że to jego potrzeby są wyznacznikiem tego, co kupuje, a nie tylko atrakcyjność i dostępność przedmiotu w sklepie.

CZYM JEST DLA DZIECKA PRZEPROWADZKA?

Justyna Korzeniewska, psycholog

Jako społeczeństwo robimy się bardziej mobilni, zmieniamy miejsca zamieszkania w poszukiwaniu pracy, emigrujemy. Jak z tym wszystkim radzi sobie dziecko?
Nie za dobrze. Nawet jeśli z dorosłej perspektywy przeprowadzka jest czymś korzystnym (np. dziecko będzie miało swój pokój), dla malucha zawsze jest to strata. Z poprzednim miejscem, nawet jeżeli było ono nie do końca atrakcyjne, związało już swoje emocje. Dzieci ponoszą spore koszty tej zmiany.

Czyli?
Na gruncie fizjologicznym może to się objawiać tym, że dziecko raptem zaczyna się wybudzać w środku nocy, traci apetyt, nie ma ochoty na zabawę. Jeśli w związku z przeprowadzką zmienia przedszkole lub szkołę, może mieć problemy w relacjach z innymi dziećmi. I nic dziwnego – to dla niego zupełnie nowa sytuacja. Adaptacja w nowej grupie jest czymś niezwykle trudnym dla dzieci.

Wychowawczyni czy nauczyciel w grupie przedszkolnej czy szkolnej powinni im pomóc.

  Jeżeli można zaplanować przeprowadzkę, najlepiej zrobić to wtedy, kiedy w naturalny sposób dziecko zmienia szkołę, np. idzie do pierwszej klasy. Wtedy przynajmniej zaoszczędzimy mu trudu wchodzenia w grupę, która już się skonsolidowała. Dzieci mają dużo większe potrzeby towarzyskie niż dorośli. W grupie, do której musiałoby dołączyć, są już na pewno podobierane pary czy grupy. Czasami bandy, kliki, które się wzajemnie zwalczają. Dziecko może nie wiedzieć, po której stronie stanąć. Proszę mi wierzyć, że są to naprawdę trudne sytuacje.

Czy własny pokój i wygodniejsze mieszkanie nie wynagrodzi dziecku trudów adaptacyjnych?

  Paradoksalnie, własny pokój w praktyce bywa dla dziecka swoistą pułapką. Mniejszy metraż starego mieszkania sprawiał, że nawet fizycznie dziecko było bliżej rodziców. W większym mieszkaniu pokój może być oddalony od mamy i wcale nie musi to aż tak bardzo cieszyć. Dlatego radzę, żeby rodzice spróbowali spojrzeć na przeprowadzkę oczami dziecka i mocno je w tym trudnym czasie wspierali.

CO PORADZIĆ NA NOCNE MOCZENIE?

Justyna Korzeniewska, psycholog

Skąd się bierze moczenie nocne u trzylatka, a skąd u sześciolatka?

Jeżeli dzieje się to sporadycznie, może wynikać z bardzo emocjonującego dnia. Dziecko zasypia niespokojne i śpi bardzo głęboko. Nie odczytuje pierwszych sygnałów z pęcherza, że powinno się obudzić na wysiusianie. Czasem przyczyna jest jeszcze bardziej banalna: objadanie się owocami sezonowymi to pewne kłopoty z siusianiem w nocy. W pęcherzu szybko zbiera się dużo moczu i zanim do mózgu dotrze sygnał, że jest przepełniony, dziecko może nie zdążyć się wybudzić.

Często dzieci mówią: „Śniło mi się, że robiłem siusiu".

Dzieje się to na poziomie półświadomym: do mózgu zaczynają docierać sygnały o potrzebie fizjologicznej. Dziecko jest jednak tak zmęczone, że nie jest w stanie wybudzić się ze snu. W takich sytuacjach to nie jest powód do niepokoju. Można to dziecku spokojnie wyjaśnić: „Byłeś zmęczony, a za dużo wypiłeś soku na kolację". Dzieci – zwłaszcza te starsze, 5-, 6-letnie – odczuwają w takiej sytuacji porażkę. Ważne, aby zająć się ich emocjami i wyjaśnić, dlaczego tak się stało (np. zjedliśmy arbuza na kolację). Dziecko nie powinno mieć wrażenia, że sobie z czymś nie poradziło. Dobrze jest włączyć je do czynności higienicznych. Na przykład niech wrzuci do pralki pościel, którą zmieniamy, ale ważne, żeby nie robić tego na zasadzie kary! Takie działanie pomoże mu odbudować autorytet we własnych oczach: wprawdzie nasiusiał, ale jest już takim dużym i dzielnym dzieckiem, że pomoże mamie posprzątać.

Jakie są najczęstsze błędy popełniane przez rodziców w takiej sytuacji?

Rodzice często nie wychwytują momentu, kiedy to nie jest już tylko sporadyczne zdarzenie, albo brak umiejętności sygnalizowania potrzeb fizjologicznych, ale mokre noce są sygnałem zaburzenia neurologicznego. Nie wiedzą, kiedy trzeba iść do psychologa, psychiatry, neurologa.

A kiedy powinni to zrobić?

Kiedy moczenie zdarza się prawie co noc. Jeżeli dzieje się w określonym schemacie, np. zawsze około dwie godziny po zaśnięciu dziecka albo zawsze nad ranem. Ważne jest też to, że dziecko po zmoczeniu łóżka nie budzi się z powodu odczuwanego dyskomfortu, tylko śpi do pobudki i dopiero wtedy z niedowierzaniem odkrywa mokrą piżamkę i łóżko. W takiej sytuacji absolutnie nie należy zawstydzać dziecka. Niestety często rodzice myślą, że jeżeli tak zrobią, to problem zniknie. A ZAWSZE jest odwrotnie: problem nasila się, bo czynniki emocjonalne działają negatywnie.

Stresogennie.

Dziecko zasypia już zdenerwowane. Nie wie, czy uda mu się przetrwać noc na sucho, czy obudzi się w zmoczonym łóżku. Zasypiając jest w takim stresie, że prawdopodobieństwo nieudanej nocy jest bardzo wysokie. Negatywny wpływ stresu i silnych emocji na problem moczenia potwierdzają obserwacje młodych dorosłych, którzy w dzieciństwie byli leczeni z tego powodu. W przypływie silnego stresu borykają się ponownie z problemem, który wydawał się już zakończonym w dzieciństwie rozdziałem.

Moczenie nocne to zaburzenie neurologiczne, wymagające specjalistycznego leczenia. Motywacja dziecka i determinacja rodzica nie wystarczą, żeby sobie z nim poradzić.

MAŁY „ZŁODZIEJ"

Magdalena Sujka, nauczycielka wychowania przedszkolnego

Jak to jest z poczuciem własności u przedszkolaków?

Maluch postrzega świat jako swoją własność. Przekonanie: „To jest moje!" i „Zabrano mi!" – jest bardzo mocno wyryte w jego głowie. I co za tym idzie, trudno jest myśleć, że kilkulatek kradnie. Dziecko nie postrzega świata w kategoriach ludzi dorosłych. Czyli myśli: „To, co mogę mieć w zasięgu ręki, jest moje".

Oczywiście z wiekiem to wyobrażenie się zmienia – pięciolatek już rozumie, że coś nie należy do niego i przywłaszczył to sobie nielegalnie. Zazwyczaj właśnie wtedy takie zachowania się kończą. Jeśli zauważymy to – nawet u starszego dziecka – nie wpadajmy w panikę. Nie wyzywajmy dziecka od złodziei, bo to niczego go nie nauczy. Bycie złodziejem to pojęcie bardzo abstrakcyjne i nacechowane negatywnie. I krzywdzące.

Co robić w takiej gorącej sytuacji?

Zareagować stanowczo i natychmiast. Nie można odwlekać reakcji w czasie, bo dziecko zapomni, o co chodzi. Należy przede wszystkim porozmawiać, wytłumaczyć: „To jest niedobre zachowanie, to nie było twoje". Można odwołać się do empatii: „Jak ty byś się czuł, gdyby tobie coś zabrano?" I na koniec idziemy z dzieckiem, by zwrócić zabraną rzecz i przeprosić.

> **Nasz przykład jest ważny, więc – uwaga! – jeśli pani w sklepie wyda nam za dużo reszty, przy dziecku oddajemy pieniądze i tłumaczymy, dlaczego to robimy. Jeżeli coś znajdziemy – szukamy właściciela. Kiedy dziecko znalazło coś i oddało – koniecznie chwalimy, doceniając jego uczciwość. Takie pozytywne wzmocnienie działa lepiej niż wszystkie rozmowy i kazania.**

SKĄD SIĘ BIERZE „NOCNY JAŚ WĘDROWNICZEK"?

Justyna Korzeniewska, psycholog

Nocne wędrówki dzieci do łóżka rodziców – to męczy. Jak sobie radzić? Odzwyczajać?

Najpierw trzeba sobie przypomnieć, jaki był początek tych spacerów. Najczęstszy scenariusz wygląda tak: mama usypia dziecko na rękach albo w wózku, a potem przekłada do łóżeczka.

I to niedobrze?

Ludzki sen ma różne fazy. Na granicy przejścia z jednej fazy w drugą wchodzimy w sen głęboki, fazę REM. Podczas przejścia między tymi fazami następuje moment spłycenia snu. Widać to u dzieci – w tym czasie zaczynają się wiercić, otwierają na chwilę oczy. Jeżeli są w tym samym miejscu, w którym zasypiały, nic ich nie niepokoi – śpią dalej. Co się dzieje, kiedy orientują się, że są gdzie indziej? Wybudzają się. Szukają miejsca, okoliczności, które pozwoliłyby im zasnąć tak, jak na początku. Albo zaczynają płakać i przywoływać mamę czy tatę, albo, jeśli już są na tyle duże, wychodzą z łóżka i szukają miejsca, w którym zasnęły poprzednio. I tak się rodzą „Nocne Jasie Wędrowniczki".

Jak można temu zapobiec?
Warto od początku wprowadzić odpowiedni rytuał samodzielnego zasypiania w łóżeczku.

W ciemnym pokoju? Samo?
Absolutnie nie. Mama albo tata powinni być w zasięgu wzroku dziecka, siedząc na fotelu przy łóżeczku. Mogą je potrzymać za rączkę albo pogłaskać po główce, nucić kołysankę, ale dziecko powinno zasypiać w miejscu, w którym ma spać całą noc.

Moje dzieci zasypiały z pocałowaniem w główkę, z przytulanką, w ciemnym pokoju same. Ale ciągle przychodzą do łóżka, bo mówią, że śnią im się złe sny...
U starszych dzieci przychodzi moment, kiedy budzą się nie tylko z powodu naturalnej zmiany faz snu, ale z powodu koszmarnych snów i lęków nocnych. Dziecko budzi się, poszukuje oparcia i bezpieczeństwa. Chce przywrócić w sobie spokój, który pozwoli mu spać

dalej. Dwuletnie dzieci, które stają się bardziej autonomiczne i samodzielne, często są karcone przez rodziców. Ma to swoje nocne konsekwencje. Dziecko gromadzi negatywne doświadczenia z dnia i potem w nocy je odreagowuje. Boi się, że mama go już nie kocha, bo cały czas harcowało i trzeba było je wiele razy upominać. Albo że tata był z niego niezadowolony. Kiedy się wybudza – potrzebuje kontaktu, by się upewnić, że wszystko jest w porządku i mama nadal je kocha.

Stąd właśnie te przywoływania rodzica i wędrówki do łóżka?

Żeby ukrócić wędrówki, trzeba zwrócić uwagę na to, co się dzieje w ciągu dnia. Potrzebne jest powiedzenie sobie wszystkich dobrych rzeczy wieczorem, żeby dziecko zasypiało w spokoju. Wtedy sen jest łagodniejszy i mniejsze ryzyko, że dziecko się wybudzi. Oczywiście sporadycznie mogą się wydarzyć sytuacje, że dziecko potrzebuje pomocy, bo się czegoś wystraszyło albo chce się upewnić, że nie straciło uczuć mamy czy taty. Dobrze jest na późniejszym etapie nauczyć dziecko, co ma zrobić, kiedy się przebudzi. Na przykład: „Kiedy się obudzisz – wtul się w przytulankę, jej też wtedy będzie przyjemnie". Jeżeli w pokoju dziecka jest lampka, można powiedzieć dziecku: „Jak się obudzisz, to znaczy, że lampka do ciebie mrugała. Pomrugaj też do niej i śpij dalej". Jeżeli to wielokrotnie powtórzymy, to nawet gdy w nocy zdarzy się, że dziecko wstanie, odprowadźmy je do łóżka i przypomnijmy mu tę zasadę.

Ale też całujemy, mówimy: „Mamusia cię kocha, zobaczymy się rano".
Zapewnienie o niegasnących uczuciach jest bardzo ważne. Często rodzice mają pretensje do dziecka o nocne wstawanie, a jest to czasami... spełnienie ich życzeń. Mama deklaruje: „Chciałabym, żeby dziecko spało oddzielnie", ale jakoś tak... miło jej się robi, kiedy maluch nie może się z nią rozstać. Dziecko to wyczuwa i czasami potrafi to świetnie skomentować.

> **Kiedyś rozmawiałam z dzieckiem budzącym się co dwie godziny w nocy. Poczułam, że chce mi powiedzieć coś ważnego. I słyszę: „Wiesz, ja już bym spał sam w moim łóżeczku, ale wiem, że mamusia będzie wtedy płakała".**

!!! Też tak zareagowałam! Ten maluch był świadomy, że powinien zaspokajać niewypowiedziane potrzeby rodziców. Dobrze więc zrobić sobie rachunek sumienia – na ile obecność dziecka w małżeńskim łóżku, jego poranne przybieganie, baraszkowanie, to jest moja ukryta potrzeba? Jeżeli tak, mamy odpowiedź: dziecko jest cudowną istotą zaspokajającą nasze potrzeby. Przy nim czujemy się tacy potrzebni, kochani, wyjątkowi!

Co z potworami, które śnią się dzieciom i przestraszają?
Jeżeli dziecko budzi się w nocy, nie wystarczy powiedzieć: „To był tylko sen". Dzieci nie oddzielają wyraźnie snów, fantazji, marzeń od rzeczywistości. Jeśli widziały potwora we śnie, to on jest prawdziwy, bo był naprawdę w ich śnie. Należy przyjąć dziecięcą konwencję i skoro dziecko jest przekonane, że ta postać jest realna, czyli słyszy, co się do niej mówi, to niech dziecko coś do niej powie. Poradźmy mu: „Powiedz potworowi, żeby się stąd wyprowadził, bo nie może tutaj mieszkać. Tutaj mieszkasz tylko ty". Wtedy dziecko nabywa przekonania, że ma siłę, żeby sobie poradzić. Wyciszenie emocji,

wyposażenie dziecka w przekonanie, że ma siłę wypraszania potworów („Powiedz mu, że teraz śpisz i nie masz dla niego czasu"), powoduje, że koszmary senne się kończą.

Mój syn Fryderyk ma „Dziennik złych snów" i rysuje w nim straszydła, które mu się przyśniły. „Kiedy je narysuję, zostaną na tych kartkach i nigdy nie wyjdą" – powiedział. Siadaliśmy razem i wyśmiewaliśmy się tych potworów. „Jak ja mogłem się tego bać?" – śmiał się Fryderyk ze swoich snów. Skuteczna metoda.

Na szczęście dzieci często same wpadają na sposób, jak oswoić potwora ze snu i zrobić z niego coś neutralnego, a nawet przyjaciela. One są mistrzami w obłaskawianiu monstrów. Wspierajmy je w tym.

Miałam kiedyś skomplikowaną sytuację. Mój syn Krystian przyszedł pewnego wieczoru do mnie i mówi: „Chcę z tobą spać". Nie zgodziłam się. Przychodzi za chwilę: „Mimi (jego ukochany miś) chce z tobą spać". „Dobrze – mówię – niech Mimi śpi ze mną". Na co Krystian: „Ale Mimi beze mnie nie zaśnie".

Takie poszukiwanie rozwiązania jest oznaką inteligencji dziecka. Kiedy dzieci mają dużą potrzebę emocjonalną – korzystają ze wszystkich możliwości intelektualnych, by ją zaspokoić.

Uważajmy także na to, co oglądamy przed snem. Rodzicom wydaje się, że patrzą kątem oka na „Wiadomości", a dziecko się bawi. A ono właśnie ogląda scenę nieprzeznaczoną dla niego. I wcale nie musi być drastyczna w dorosłym rozumieniu. Niech to będzie relacja z wypadku, podczas którego pojawią się rozemocjonowane twarze dorosłych, którzy płaczą. Dla dziecka jest to ogromne przeżycie. Bo ono wyobraża sobie dorosłych jako istoty wszechmogące i szczęśliwe, potrafiące sobie poradzić ze wszystkim.

Może lepiej na godzinę przed snem wyłączyć wszystkie urządzenia typu telewizor, radio?

To świetny pomysł, który powinien być zasadą w każdym domu, gdzie sypiają maluchy. Dodatkowo godziny popołudniowe powinny być czasem uspokajania emocji. To nie jest pora na podsumowanie całego dnia, którego konsekwencją będzie wyznaczanie kary („Byłeś nieznośny cały dzień, to wieczorem nie oglądasz bajki"). Wieczorem łagodzimy spory, rozwiązujemy konflikty, nagradzamy, a nie karzemy, bo spokojne emocje przed zaśnięciem to pogodne sny w nocy.

JAK ROZMAWIAĆ Z PRZEDSZKOLAKIEM O SEKSIE

Magdalena Sujka, nauczycielka wychowania przedszkolnego

Tematy seksu pojawiają się w przedszkolu?
Bardzo często. Na przykład któreś z dzieci oczekuje rodzeństwa. Zaczynają się sztandarowe pytania: „Skąd się biorą dzieci?".

> **Nie opowiadamy już o bocianach i kapuście. Stawiamy na rzetelną informację, ale bez szczegółów.**

Kiedyś jeden z tatusiów – lekarz tłumaczył anatomicznie dziecku proces powstawania nowych pokoleń. Skutek był opłakany, bo chłopiec zafiksował się na punkcie własnej seksualności i seksualności dziewczynek, i starał się je podglądać.

Jak rozmawiać z przedszkolakiem o seksie?

> Mówić krótko, zwięźle i na temat. Nie używać zdrobnień niemających związku z rzeczywistością typu: „pipuszka". Zaznaczać przede wszystkim, że do seksu jest potrzebna miłość. Można powiedzieć po prostu, że mama i tata bardzo się kochali i postanowili mieć dziecko. Więc zbliżyli się do siebie i – można użyć takiego zwrotu – „Tatuś umieścił ziarenko w brzuszku mamusi".

Dziecko po takiej informacji nie szuka wiadomości na ten temat gdzie indziej. Ważna jest także sprawa masturbacji – bardzo częstej w wieku przedszkolnym. Duża część dzieci pobudza się seksualnie i jest to normalne. To nie jest działanie na tle seksualnym, ale służy przede wszystkim rozładowaniu emocji. W czasie leżakowania dzieją się takie rzeczy i naprawdę nie robi to na nikim większego wrażenia. Dziecko leży, te, co zasną – mają cudowny błogi sen. Te, które nie zasną – to się nudzą. Cały dzień krzyków, hałasów w przedszkolu sprawia, że dziecko jest napięte, próbuje się rozładować, więc po prostu pobudza się seksualnie.

Zazwyczaj takie zachowania znikają do 5. 6. roku życia. Jeżeli pojawią się później, w 7., 8. roku życia, to już jest coś, czym trzeba się zainteresować. Bardzo często dla rodziców jest to krępujące. 3-letniemu maluszkowi trudno wytłumaczyć, że są takie miejsca, w których to można robić, i takie, w których nie należy. Ale już pięciolatek to zrozumie.

Zgłaszacie każdy taki przypadek rodzicom?

Tak. Niektórzy rodzice się nie dziwią, bo obserwują to w domu. Cieszymy się, że nam o tym wspominają, bo to znaczy, że przyglądają się z uwagą swoim dzieciom i nie wstydzą się takich zachowań. Ale częściej dla rodziców to wstydliwy temat, więc się nie wychylają.

Tutaj pojawia nieodłącznie temat „złego dotyku"...

W przedszkolu jesteśmy zobligowani do przeprowadzenia rozmów na ten temat. Oczywiście trzeba je dostosować do rozwoju dziecka.

> Tłumaczymy, że jego ciało należy do niego. Dziecko ma prawo wiedzieć, że samo się może wykąpać, że mogą go dotknąć tylko najbliżsi zaufani ludzie. I, jeżeli zdarzy się coś, co je zaniepokoi, powinno powiedzieć o tym mamie. Żaden dorosły nie może wymagać, aby zachowało tajemnicę. Trzeba zaznaczyć oczywiście, że lekarz jest wyjątkiem. Należy wytłumaczyć dziecku, że nie zawsze ten zły dotyk boli, czasami jest przyjemny.

Od jakiego wieku prowadzicie takie rozmowy w przedszkolu?

Od najmłodszych grup. Zaczynamy od tego, że nie można podchodzić do obcych, brać od nich cukierków i pozwalać na dotykanie siebie. Wielu rodziców przyprowadzających dzieci do przedszkola jest zdziwionych, że panie nie pomagają dzieciom w toaletach. Jeżeli mamy czegoś uczyć, to uczmy na przykładach. Raz, że nam nie wolno dotykać miejsc intymnych malucha, a dwa – jest to pokazanie na przykładzie, że nawet pani z przedszkola nie ma prawa dotknąć dziecka.

JAK KSZTAŁTOWAĆ SAMODZIELNOŚĆ U DZIECKA?

Magdalena Sujka, nauczycielka wychowania przedszkolnego

Jak pomóc dziecku być samodzielnym?
Dawać dziecku okazję do wykazania się. Maluch wstaje rano, zaczyna się ubierać, ale mama się bardzo śpieszy i sama wkłada mu rajstopki, koszulkę. Stara się dziecko ubrać jak najszybciej. Błąd!

Są takie matki, które nie ubierają, np. ja.
I bardzo mądrze. Trzeba wstać parę minut wcześniej, dać dziecku czas i przestrzeń, żeby spokojnie mogło się ubrać. To będzie trwało i trzeba dziecku pomagać. Nie wszystkie dzieci chcą to robić, bo czują, że zaczynają odłączać się od mamy... Nie wszystkim to odpowiada.

> Są dzieci, które chcą zostać dziećmi jak najdłużej – dobrze zwrócić uwagę na taką dziecięcą motywację. Problem ten pojawia się zwłaszcza wtedy, kiedy dziecko podczas czynności samoobsługowych otrzymuje niewłaściwe komunikaty, np.: „Nie poradzisz sobie", „Zrobisz to źle, daj mi to, spóźnimy się, jak będziesz takim guzdrałą". Wzmacniajmy samodzielność pochwałami, pokażmy dziecku, że oczekujemy tego od niego i zauważajmy jego starania!

Mycie zębów, twarzy, próba samodzielnego umycia się w wannie – dajmy dziecku tego spróbować. Można tylko nadzorować, sprawdzać, czy dziecko się dokładnie umyło. Należy uczyć dziecko korzystania z toalety: spuszczania wody, mycia rąk, wycierania ręcznikiem. Praca w grupie trzylatków, które przychodzą do przedszkola, to doskonalenie tych umiejętności. Niech mi pani wierzy, że dla niektórych trzylatków mycie rąk to abstrakcja.

Bo są za małe czy rodzice tego nie uczą?
Zwykle rodzicom wygodniej wykonać pewne rzeczy samemu.

Bo jest szybciej.
Nie tylko. Dorosły czuje się pewniej, bo wie, że dziecko ma umyte ręce i może zasiąść do posiłku. Ale w ten sposób de facto odbiera możliwość szybszego nauczenia się bycia samodzielnym. Rodzice mogą i powinni nauczyć dziecko zakładania butów, podciągania spodenek po użyciu toalety, korzystania z łyżki, widelca, samodzielnego picia. Jak najszybciej odstawmy kubki niekapki, butelki ze smoczkami. Pomagajmy dzieciom, kiedy o to poproszą, ale nie wyręczajmy ich.

Jeszcze raz zwracam uwagę na to, że jeżeli chcemy utrwalać w dziecku zdobytą wiedzę i umiejętności, należy starania (nawet jeśli są nieudane) naszej pociechy pozytywnie wzmacniać. Najlepiej pochwałami wyrażającymi podziw i dumę.

Dostajecie do grupy trzylatka, który przychodzi ze smoczkiem, nie potrafi korzystać z toalety. Jak to wygląda z punktu

widzenia pedagoga i jak wpływa na funkcjonowanie w grupie?

Niesamodzielne dziecko przejawia postawy lękowe. Podczas zabawy wydaje się być w porządku. W momencie, kiedy pada hasło: „Sprzątamy zabawki i wychodzimy na dwór", ono już wie, że czeka je samodzielne, wcześniejsze skorzystanie z toalety, umycie rąk, przebranie się w odzież wierzchnią – dla niego to jest już kolejna dawka lęku. Boi się: „Co się stanie?". Panie starają się być miłe i pomocne dla takich dzieciaków. Ale ubranie takiej gromadki to nie jest kwestia pięciu minut. Dzieci muszą czekać na swoją kolej, nie wiedzą, czy ktoś do nich podejdzie i zauważy. Giną w tym tłumie.

Dzieci po żłobkach, które musiały opanować elementy samodzielności, adaptują się w przedszkolu znacznie lepiej. Nie dlatego, że zostawały w obcej placówce bez rodziców. Nie boją się rozbierania i ubierania w piżamę, nie mają poczucia, że sobie nie poradzą i że zostaną same, bo brakuje im mamy. Nie namawiam do wpadania w skrajność, ale dostosujmy naukę samodzielności do chęci naszego dziecka.

Nie wyręczajmy: „Daj, mama zrobi to szybciej".

Wspieranie, zachęcanie, nagradzanie, chwalenie pomaga. W przedszkolach państwowych wymagane jest, aby dziecko już nie przychodziło z pampersem. Dlatego okres wakacyjny tuż przed rozpoczęciem roku jest idealny, żeby odpieluszkować malucha. Często rodzice nie robią tego wcześniej, bo jest im tak wygodniej lub brakuje konsekwencji czy wytrwałości. Przypominam, że do przedszkola przychodzą dzieci 3-letnie, które już od dłuższego czasu są w stanie opanować trening czystości. Maluch już rozumie: nie powinnam/powinienem robić w pieluchy. Wielu rodziców boi się treningu czystości i niesłusznie nie wierzy w umiejętności swojego dziecka. Wątpią, czy sobie poradzi, a początkowe porażki uważają za potwierdzenie swojego zdania na ten temat.

ZESPÓŁ ASPERGERA I ADHD

Justyna Korzeniewska, psycholog

Są pewne obawy wśród dorosłych – np. zaburzenia ze spektrum autyzmu, zespół Aspergera. Rodzice zdrowych dzieci nie do końca rozumieją, na czym to polega. Koleżanka, kiedy dowiedziała się, że w szkole mojego syna są dzieci z zespołem Aspergera, powiedziała: „To jest chyba szkoła specjalna, dlaczego posłałaś swoje dziecko do takiej szkoły?". Czy miała rację, czy jest czego się bać?

Zespół Aspergera to jedno z zaburzeń ze spektrum autyzmu. Czasami jest określany jako najlżejsza postać autyzmu. Jest to zaburzenie niejednoznaczne – dzieci umysłowo, poznawczo, funkcjonują najczęściej dobrze, często mają ponadprzeciętne zdolności. Jednak bardzo trudno im nawiązywać kontakt społeczny: z rówieśnikami, z nauczycielami. Z dorosłymi radzą sobie o tyle lepiej, że dorośli znają ich problem i starają się im pomóc. Wiedzą, co zrobić, żeby nie nasilać trudności, są protekcjonalni (w dobrym znaczeniu tego słowa). Inaczej rówieśnicy:

oni są bardziej wymagający – nie stosują taryfy ulgowej.

Dzieci z zespołem Aspergera nie przejawiają empatii, nie potrafią wejść w perspektywę emocjonalną drugiej osoby. Zachowują się w sposób określany jako „niegrzeczny". Jakby chciały specjalnie zrobić przykrość. Czasami posądzane są o zachowania agresywne. Ale one takich intencji nie mają. Po prostu nie są zainteresowane światem relacji międzyludzkich: nie rozumieją konwenansu społecznego, żartów, dowcipów. Dziecko z zespołem Aspergera nie wie na przykład, że aby prośba zabrzmiała uprzejmie, należy ją sformułować w formie pytania, np. „Czy możesz otworzyć okno?". Jeżeli ktoś je poprosi w taki sposób, ono odpowie: „mogę", ale nie otworzy. Wynikają stąd różne nieporozumienia, w szczególności z innymi dziećmi, które mogą czuć się ignorowane lub źle traktowane.

Czy dzieci bez zaburzeń mogą się swobodnie bawić z dziećmi, które mają zespół Aspergera?

Kontakt może być trudny. Od tego jednak jest wychowawca, żeby pomóc im zbudować poprawne relacje. Dzieciom zdrowym należy wyjaśnić istotę problemu. Jeżeli dojdzie do konfliktowej sytuacji, koniecznie wytłumaczyć, że nie było w tym żadnych złych intencji. Dzieci z zespołem Aspergera w szkole publicznej powinny mieć kogoś w rodzaju asystenta, który jest buforem między podopiecznym a otoczeniem. Rodzice tych uczniów mogą ubiegać się o taką formę pomocy ze strony szkoły.

Nie należy obawiać się spotkania dzieci zdrowych z aspergerowcami! Dla pierwszych może to być okazja, żeby podnieść kompetencje społeczne w trudnej sytuacji. Na przykład: „Jeżeli ja zachowuję się miło w stosunku do kolegi, a on wobec mnie nie, to jak sobie mam w tej sytuacji poradzić?". Przecież takie sytuacje czekają je również w późniejszym życiu!

Kiedy każda ze stron się angażuje – wszyscy na tym wygrywają: nasze dziecko, bo uczy się, jak się zachować w trudnych, niestandardowych sytuacjach, dziecko z zespołem Aspergera, bo się socjalizuje, a rodzice, bo przygotowują dzieci do radzenia sobie z wyzwaniami, a nie ich unikania.

Na drugiej szali mamy dzieci z ADHD...

Jest dużo niezbyt spójnych informacji na temat ADHD. Z jednej strony przekonanie, że czegoś takiego nie ma, a zaburzenie jest efektem zaniedbań rodzicielskich i liberalnego wychowania. Na drugim krańcu jest pogląd, że ADHD to ciężkie zaburzenie neurologiczne.

Tymczasem istnieją dzieci, które mają wysoką inteligencję kinestetyczną – po prostu są bardzo dynamiczne i kontaktują się ze światem za pomocą ruchu. Jest to zupełnie prawidłowe i nie ma to żadnego związku z ADHD. Ale faktycznie, takie zaburzenie istnieje, jest ujęte w klasyfikacji chorób i zaburzeń Światowej Organizacji Zdrowia. Czy występuje aż tak często jak potocznie przyjmujemy? Nie, jest ono raczej rzadkie.

Przypuśćmy, że mamy dziecko bardzo temperamentne i nie wiemy, czy jest niegrzeczne, czy może to już coś więcej? Kiedy powinniśmy się udać na diagnozę w kierunku ADHD?

Jeżeli dziecko ma ADHD, nadruchliwość u niego występuje zawsze i bez względu na okoliczności – w szkole, w domu, podczas zabaw, czasu wolnego, oglądania ulubionej bajki. Jeżeli widzimy, że dziecko jest nadruchliwe w klasie, natomiast porafi się skupić na tym, co mu się podoba: na grze komputerowej, książce, komiksie, ulubionym filmie, możemy zapomnieć o podejrzeniu ADHD – to na pewno nie jest to.

Najprawdopodobniej coś mu przeszkadza w skupieniu się w klasie. Jest za bardzo przestraszone nową sytuacją, a może zwyczajnie nudzi się. Bardzo charakterystyczna dla ADHD jest swoboda bycia, zapominalstwo, dezorganizacja w funkcjonowaniu. Radzę obserwować, czy występuje w każdej sytuacji, czy tylko w szkolnej. Jeżeli dziecko ciągle zapomina przyborów do szkoły, ale nigdy nie zapomni, żeby zabrać ulubione zabawki, komiks czy skrupulatnie spakuje wszystkie rzeczy, jeśli gdzieś wyjeżdża na weekend, to nie ma ADHD.

MOJE DZIECKO I „TE INNE DZIECI"

Justyna Korzeniewska, psycholog,
i Magdalena Sujka, nauczycielka wychowania przedszkolnego

Jak uczyć dzieci zgody na inność? Inny kolor skóry, niepełnosprawność...

Justyna Korzeniewska: Najpierw sami się tego nauczmy. Jeżeli na widok kogoś, kto odstaje od standardów, instynktownie przygarniamy dziecko do siebie, odwracamy jego uwagę, reagujemy strachem lub niechęcią, nie możemy oczekiwać, że dziecko będzie otwarte i akceptujące. Dzieci są bardzo bystre i szybko zauważą, że np. na widok Cyganki lub bezdomnego szybko zmieniamy trasę spaceru. Warto najpierw samemu przepracować te sytuacje. Przemyśleć, czy rzeczywiście, niezależnie od tego, kto koło mnie przechodzi lub siądzie na ławce w parku, czuję się z tym swobodnie. Jeżeli już jesteśmy pewni, że nasze sygnały są neutralne, a nawet pozytywne, wtedy dopiero możemy porozmawiać z dzieckiem o różnicach.

Mówimy po prostu o tym, że świat jest bardzo różny, zmienny i dlatego jest w nim bardzo ciekawie. Każdy potrafi coś innego, inaczej się zachowuje, inaczej spędza czas i dzięki temu jest interesująco, bo można się od innych wiele nauczyć.

Wówczas, jeżeli dziecko o innym kolorze skóry, niepełnosprawne, chore, pojawia się w przedszkolu czy szkole, nasz maluch nie będzie unikał kontaktu. Wręcz przeciwnie – zaciekawi się, zapyta, zapozna, zainteresuje, będzie życzliwe.

Magdalena Sujka: W przedszkolu mamy dzieci pochodzenia wietnamskiego. Część z nich bez problemów przyswoiła język polski. Są dzieci, które w ogóle po polsku nie mówią i niespecjalnie chcą odpowiadać. Mamy chłopca ze sporymi problemami rozwojowymi. Na szczęście dzieci nie znają takiego pojęcia jak rasizm czy niedopasowanie. Dotarłam kiedyś do filmu, który pokazywał dziecięcą wolność od uprzedzeń. Dzieci 4-, 5-letnie przychodziły z rodzicami do sali badawczej. Każde z nich sadzano za kurtyną tak, że jedne nie widziały drugich i kazano im robić głupie miny, które wyświetlają się na ekranie. Dzieci oglądały osoby pokazujące języki, plastusiowe uszy itp. I nagle na ekranie pojawiło się dziecko z porażeniem mózgowym na wózku inwalidzkim z charakterystycznymi tikami na twarzy:

język mu wychodził, oko się krzywiło. Rodzice dzieci zamarli, natomiast maluchy dokładnie pokazywały te same miny, które robiło dziecko. Nie widziały niepełnosprawności. Widziały rówieśnika, który pokazywał miny.

> **Dopóki nie nazwiemy, że coś jest brudne, niepełnosprawne, na niższym poziomie intelektualnym, dzieci będą przyjmowały „innych" na takich samych warunkach, na jakich same chciałyby być przyjmowane.**

DZIECKO I BIEDA

Justyna Korzeniewska, psycholog

Jak wytłumaczyć dziecku biedę?
Zjawisko biedy jest szczególnie przykre, jeśli chodzi o dzieci. Nie musimy jednak myśleć w kategoriach, że nasze dziecko odrzuci biedniejszego kolegę.

Na szczęście dzieci tak nie myślą...
Pierwotnie tak nie myślą. Natomiast dorośli przez nieświadome sygnały nieakceptacji biedy, uczą je takich reakcji. Mówią np.: „Nie dawaj zabawki Tomkowi, bo może ci zabrać albo zniszczyć – w domu na pewno tego nie ma". Niby subtelnie, ale jednak sygnał o tym, żeby uważać na osobę biedniejszą, jest dosyć wyrazisty. Dziecko może to zgeneralizować: „Ktoś biedny jest niefajny". Rozmawiajmy z dziećmi o tym, że niezależnie od tego, czy rodzice mają dobry samochód czy nie, ten ktoś może być ciekawym, dobrym kolegą.

A jeżeli dziecko zauważa różnicę w sytuacji materialnej i mówi nam o tym?

Oczywiście, nie można tego zignorować. Można wtedy powiedzieć: „Przykro mi, że to dziecko nie ma takich zabawek, jak ty. Powiedz mi coś więcej o tym koledze, jaki jest, jak się lubi bawić, co potrafi? Jak myślisz, w co mógłbyś się z nim pobawić?". Bardzo ważne jest, żeby nasze dziecko nauczyć, że kryterium zasobności portfela to nie jest wymiar, który wartościuje człowieka. Bo nawet jeśli kolega z podwórka nie ma rowerka, można się z nim ścigać albo grać w piłkę i też może być fajnie. Wielu rodziców się obawia, czy ten biedny kolega będzie atrakcyjny, skoro tylu rzeczy nie ma.

Chciałabym podkreślić: drodzy rodzice, dzieci z biedniejszych rodzin są niebywale kreatywne. Często w skromnych warunkach potrafią stworzyć niesamowite pole do zabawy. Mówię to z absolutnym przekonaniem. Zdarzyło mi się wielokrotnie być w sąsiedztwie domu dla uchodźców z Czeczenii. Było tam mnóstwo dzieci. I żadnych zabawek. Fantastycznie bawiły się piłką, a raczej starym flakiem, który znalazły gdzieś na śmietniku. Wiele z nich biegało boso. Współpracowały ze sobą, tworzyły coraz to nowsze rodzaje zabaw.

Więc nie obawiajmy się takiego kontaktu, a nawet dążmy do niego. Poza tym dzieci z biedniejszych rodzin mają długi trening w znoszeniu różnych frustracji. Zazwyczaj są dziećmi łatwymi w kontaktach interpersonalnych. Nie robią awantury z powodu, że czegoś im zabrakło, bo doświadczają tego na co dzień. Nasze dziecko może się od nich wielu rzeczy nauczyć. Dziecięca wymiana doświadczeń może być absolutnie pouczająca dla obu stron.

Co robić, kiedy to my znaleźliśmy się w bardzo złej sytuacji materialnej i nie jesteśmy w stanie zapewnić dziecku wystarczającego poziomu życia?

Należy jak najczęściej mówić dziecku, że jest atrakcyjne dla innych dzieci, bo np. ładnie śpiewa, świetnie rysuje, umie znakomicie wymyślać zabawy. Bo tak naprawdę atrakcyjność rówieśników nie zależy od zasobności ich plecaczków.

Część III
Niania

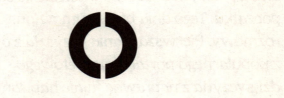

> KAROLINA MALINOWSKA <

Moment, w którym decydujemy się na zatrudnienie niani, jest jednym z najtrudniejszych szczególnie dla mam. Bo oto w naszym domu zjawia się kompletnie obca osoba i teraz to ona przez większość dnia będzie opiekować się naszym malcem. Co zyskujemy? Pozorną niezależność, możliwość powrotu do pracy, towarzysza zabaw dla naszego dziecka, a czasem coś jeszcze.

Pamiętam dzień, w którym znalazłam swojego anioła, którym okazała się Zosia. Ale od początku. Tego dnia byłam umówiona na dwie rozmowy. Pierwsza niania przyszła z ogłoszenia z popularnego portalu internetowego – młoda dziewczyna z naprawdę fajnie napisanym CV. Pomyślałam: to jest to! Takiej osoby potrzebuję. Dzwonek do drzwi, wchodzi ona. Młoda z miłą buzią. Christianek miał wtedy sześć miesięcy. Zadaję jej standardowe pytania – czy pali, czy lubi dzieci, czy gotuje, czy chodzi na długie spacery itd. Jestem zachwycona odpowiedziami, bo młoda niania mówi to wszystko, co chcę usłyszeć. I tak oto dochodzimy do pytania – jaki ma pomysł na zabawę z takim maluchem? Odpowiedź wbija mnie w fotel: „No dałabym mu pilota od telewizora albo telefon. Dzieci to lubieją". Może i „lubieją", ale ja nie. Masakra. Pożegnałyśmy się, a ja zrezygnowana opadłam na kanapę.

Po kilku minutach znów dzwonek do drzwi. Otwieram. Na progu stoi dziewczyna z kolczykiem w brwi, ręce ma w tatuażach, na głowie czapkę i mówi, że przyszła na rozmowę w sprawie pracy. Pytam więc grzecznie, jakiej pracy i do kogo? I wtedy pada odpowiedź: „Jako niania". Pomyślałam, że jestem w ukrytej kamerze.

Wpuszczam więc dziewczynę do domu, ta siada i wyjmuje CV. Wygląda imponująco – 12 lat doświadczenia, opiekowała się nawet tygodniowym dzieckiem. Christian zaczyna bawić się jej CV, a ja przechodzę do tych samych pytań, co poprzednio. Zosia mówi rzeczowo, konkretnie bez zawahań. Opisów zabaw z malcem w wieku sześciu miesięcy wymienia tak wiele, że jako matka kurczę się w sobie w poczuciu bycia beznadziejną.

Zosia okazuje się wspaniałą kobietą, niezwykle ciepłą i uroczą. Mówi po angielsku i trochę po francusku. Jest uzdolniona plastycznie i muzycznie. A do tego wszystkiego jest religijną osobą, co nie jest dla mnie bez znaczenia. I choć mam ochotę poprosić ją o zaświadczenie o niekaralności, wiem, że razem będzie nam po drodze.

I kiedy w trudnych chwilach słyszę od niej słowa: „Jesteś najlepszą matką na świecie", kiedy pomaga mi we wszystkim i rozumiemy się bez słów, kiedy widzę jak bawiła się z Christiankiem, a później z Julciem, to wiem, że znalazłam kogoś więcej niż nianię. Znalazłam przyjaciółkę na całe życie. Dziewczynę, z którą mogę konie kraść, a i na mszę pójdę.

Z kim porozmawiać o szukaniu idealnej niani? Tylko z nianią! Ale tą idealną! Proszę państwa, tajemnice tego zawodu odsłania przed wami Zofia Pędich.

JAKA POWINNA BYĆ NIANIA

Zofia Pędich, niania

Nie przypominasz w niczym Mary Poppins. Masz na rękach tatuaże. Jesteś miłośniczką strzelania, ostrej muzyki, dziwnych książek. Nosisz glany, masz kolczyk w brwiach. I ja miałabym powierzyć ci swoje dzieci?

Ale to Christian, twój syn, zadecydował, że będę się nim opiekowała. Siedział, trzymał moje CV i przyglądał, przyglądał się długo...

Przyglądał się długo, a ja cię wybrałam, bo w przeciwieństwie do niani, która była przed tobą, nie odpowiedziałaś, że 6-miesięcznemu dziecku dasz do zabawy pilota od telewizora. Jakie pytania rodzice powinni zadać niani podczas pierwszego spotkania?

Niech zwrócą uwagę na to, jak niania zareaguje na widok dziecka. Czy wyskoczy od razu, wołając: „Tititratata!" (a nie każde dziecko i nie każdy rodzic to lubi), czy po prostu się przywita i będzie się przyglądała dziecku. Powinna zobaczyć, na jakim maluch jest etapie rozwoju, co już potrafi, czego nie. A rodzice też niech patrzą na ich wzajemne reakcje. Dobrze jest zapytać, jak długo niania pracuje, w jakim wieku były dzieci, którymi opiekowała się do tej pory. Niech zapytają, co robi z dzieckiem na podwórku, jaki ma stosunek do palenia papierosów i alkoholu. I nie chodzi tylko o to, czy niania pali, ale czy wychodząc na spacer może jej nie przeszkadzać, że dziecko będzie w otoczeniu ludzi palących. Warto się dowiedzieć, czy niania ma jakieś talenty: dobrze rysuje, gra na jakimś instrumencie. A może zna jakieś języki i mogłaby dziecko nauczyć? Czy niania potrafiłaby udzielić pierwszej pomocy, gdyby coś się dziecku przytrafiło: zadławienie, zachłyśnięcie czy utrata przytomności. Ja to potrafię, byłam szkolona. Ale do tej pory zapytała mnie o tę umiejętność jedna rodzina.

O jakie dokumenty rodzice powinni poprosić?

> Na pewno dokument o niekaralności i badania: książeczka sanepidu, test na HIV i żółtaczkę typu B i C. To niesłychanie ważne – a nikt mnie nigdy o to nie poprosił.

Gdybyś była rodzicem, gdzie byś szukała niani?

U mnie żadna niania nie przeszłaby testu.

?!

Trudno byłoby mi znaleźć osobę, która sprostałaby moim wymaganiom. Mam wyrobione zdanie na ten temat. Musiałaby to być osoba z ogromnym powołaniem i odpowiednim podejściem do dziecka. Dziecko powinno się traktować jak człowieka, a nie jak kogoś, kogo się obsługuje, neutralizuje i odstawia. Tysiąc razy słyszałam od niań na placu zabaw: „Jaka ty jesteś zła/zły, żadne dziecko cię nie polubi". Nie można tak mówić. Negatywne zachowania dziecka są czymś spowodowane, nie biorą się z niczego. Najłatwiej powiedzieć dziecku, że jest niegrzeczne.

Moja koleżanka była kilka lat temu na profesjonalnym szkoleniu dla niań. Zajęcia prowadził pan, który zaczął w ten sposób: „Praca niani nie musi być wcale taka trudna, może być nawet przyjemna. Za chwilę opowiem, co należy robić, aby nie było to zajęcie uciążliwe". Otóż sposoby na to ciężkie zajęcie były różne. Na przykład takie, żeby podać dziecku w posiłku specjalne lekarstwo, które spowoduje, że maluch będzie po prostu spokojniejszy i bardziej ospały, niż jest na co dzień. Dał jeszcze kilka świetlanych rad, jak wywołać u dziecka gorączkę lub biegunkę przez podanie mieszanki owoców, radził jak dziecko wyziębić.

Czy niania powinna umieć gotować?
Tak, to byłoby jej zaletą, a jeśli nie, to pewnie jako mama sama bym gotowała i mroziła jedzenie. Natomiast dobrze, gdyby miała pojęcie o podstawach gotowania.

Czy w trakcie zajmowania się dzieckiem niania może je przytulać i całować?
Przytulać może. Przytulanie jest potrzebne dziecku, bo obie strony muszą zbudować więź. Dziecko przestaje traktować nianię jak osobę obcą, bo nie ma dla niego różnicy, czy to niania, babcia, czy ciocia. Co do całowania – tę kwestię zostawiłabym rodzicom.

To normalne, że mama obawia się bliskości między nianią a dzieckiem. Czy może to zaburzać więź między matką a dzieckiem? Czy zdarzyło ci się, że dziecko powiedziało do ciebie: „mamo"?

Nie. Gdyby jednak tak było, niania – bez względu na wiek dziecka – powinna od razu powiedzieć: „Nie jestem twoją mamą". Powinna także poinformować o tej sytuacji oboje rodziców. A oni powinni o tym porozmawiać z dzieckiem. Jeżeli dziecko odczuwa bliskość z mamą, to opiekunka tego nie zaburzy.

Jak dziecko powinno zwracać się do niani?
To jest trudna kwestia. Jeśli niania się zgodzi, małe dziecko może mówić do niej po imieniu. Z zaznaczeniem, że to nie jest koleżanka. Może też mówić: „nianiu", co jest dziwne, przestarzałe i rzadko się tego używa. Można posiłkować się słowem „ciocia", ale ja nie jestem jego zwolenniczką. Czyli po imieniu, ale z szacunkiem.

Czy niania może karać dziecko? A jeśli – to jak?
Niania nie może sobie wymyślać, jakie kary i w jakich okolicznościach będzie stosowała wobec dziecka. Musi to omówić z rodzicami. Ale na pewno żadnych klapsów (nawet jeżeli rodzice uważają, że jest to dopuszczalne). Klapsy to zastraszanie. Dziecko w takiej sytuacji zrobi to, co mu się powie, ale dlatego, że się przestraszy, a nie,

że się czegoś nauczy. Dobrym sposobem jest posadzenie w kącie, postawienie na tyle minut, ile ma lat. Tak jak to robi Superniania. Ewentualnie powiedzenie, że się mu nie da jego ulubionej zabawki.

Czy niania może krzyczeć na dziecko?

Krzyk to też przemoc. Nie powinna, ale niania i rodzice są tylko ludźmi i zdarza się im krzyknąć. Poza tym dorosły człowiek powinien umieć przepraszać, jeżeli go poniosą nerwy. Byłam niejednokrotnie w takiej sytuacji: krzyknęłam kiedyś na trzylatka. Wystraszył się, zaczął płakać i mnie przepraszać. Było mi strasznie głupio, więc też go przeprosiłam. „Nie gniewam się na ciebie" – powiedział. Bardzo się wtedy wzruszyłam.

Jeżeli zajmujesz się dzieckiem cały boży dzień, to pozwalasz mu oglądać telewizję?

Nie, moim zdaniem dziecko nie powinno oglądać za dużo telewizji. I niania jest po to, aby zajmować się dzieckiem, a nie mieć święty spokój.

Podawanie leków przez nianię... To jednak spora odpowiedzialność.

Są nianie, które podają tylko leki homeopatyczne. Jeżeli dziecko jest chore i mama prosi o podanie konkretnych leków, opiekunka może ich nie podać – trzeba na to uważać i wcześniej dokładnie omówić tę kwestię. I – ważna sprawa – nawet jeżeli rodzic zostawi lekarstwo, opiekunka powinna przeczytać ulotkę przed podaniem go dziecku.

Rodzice marzą, aby mieć wolny czas. Podrzucają niani dziecko na noc. Co o tym myślisz?
Nie jestem zwolenniczką takiego rozwiązania. Prędzej zgodziłabym się na to, żeby niania nocowała u rodziców. Po pierwsze – dziecko ma bezpieczne i znane otoczenie, po drugie – dla bezpieczeństwa dziecka i rodziców lepiej, że niania nocuje u nich.

Ale czy niania 24 godziny na dobę to jeszcze niania? Znam sytuacje, kiedy niania kładzie dziecko spać, jedzie do domu na parę godzin i wraca, zanim dziecko się obudzi. Rodziców już dawno nie ma.
To zła sytuacja, bo dziecko praktycznie nie widzi mamy ani taty. Trudno się dziwić temu, że dziecko przestaje nianię traktować jak nianię.

Czy niania powinna o tym rodzicom powiedzieć? Czy ma prawo zwracać im uwagę, jeżeli widzi jakieś błędy wychowawcze?

Nie w obecności dziecka. Najlepiej w trakcie rozmowy i bez napiętnowania czy wytykania. Można powiedzieć: „Zauważyłam, że to, co pani/pan/państwo robi/robicie, działa negatywnie na jego zachowanie".

Czy niania powinna sprzątać pokój dziecka, którym się zajmuje? Czy zostawiać w takim stanie, jakim go zastała.

To jest jej miejsce pracy i powinna o nie dbać. Jeżeli przyszła rano do pracy i w pokoju dziecka były porozrzucane zabawki, powinna je sprzątnąć. Najlepiej, gdyby to zrobiła z dzieckiem: połączy przyjemne z pożytecznym. Na pewno nie może być tak, że ona porządkuje, a dziecko stoi i patrzy.

Ty nie masz dzieci, ale czy uważasz, że niania powinna przychodzić ze swoim dzieckiem do pracy?

Jeżeli niania nie ma wyboru i rodzice się na to zgodzą – tak, ale nie jestem zwolenniczką takiego rozwiązania. Niania ma się zajmować dzieckiem, które powierzono jej pod opiekę. Jeżeli przyjdzie ze swoim maluchem, on będzie chciał mieć ją na wyłączność. To trudna sytuacja dla wszystkich – niania rozdwojona między swoim i nieswoim dzieckiem. Na pewno skończy się to skomplikowaniem relacji między wszystkimi.

Ciągle mówi się o wymaganiach rodziców wobec niani. A czego niania może od nich wymagać?

Szanowania jej pracy. I czasu. Zdarzyło mi się kilkakrotnie, że rodzice wychodzili na spacer na 15 minut i wracali dwie godziny po tym, kiedy mój czas się kończył. Kiedy dzwoniłam do nich, słyszałam w słuchawce: „Ojej, to już tak późno?". Co mogłam wtedy zrobić? Przecież nie zostawię dziecka samego w domu. Mówiłam im, że też mam swoje plany, na co usłyszałam, że mieli do załatwienia sprawę wyższej wagi. Kiedyś pojechałam z pracodawcami na wakacje i umówiliśmy się, że weekendy mam wolne. Efekt był taki, że za każdym razem w sobotę i niedzielę padało hasło: „Możesz wziąć dzieci na plażę, my zaraz przyjdziemy". Przychodzili po dwóch, trzech godzinach, czyli de facto pracowałam także w weekendy. Nie zapłacili mi za nie, bo stwierdzili, że przecież opłacili mi wyjazd.

A jacy są dzisiejsi rodzice z punktu widzenia niani?

> Rodzice pędzą. Bardzo to widać w relacji z dziećmi. Są zmęczeni, starają się poświęcić dziecku jakąś chwilę, ale kosztuje ich to dużo wysiłku. Nie są w stanie całkowicie się poświęcić dziecku, bo są szalenie zmęczeni życiem.

Nie jest to często spotykane, a dwa razy pracując w różnych miejscach widziałam, że rodzice mieli osobne sypialnie. Przy pierwszym dziecku ojciec przenosił się do innego pokoju (z osobną łazienką), żeby żona miała więcej swobody i mogła się wyspać. A tak naprawdę, chodziło przecież o jego komfort spania. Wszystkie obowiązki związane z dziećmi spoczywały na kobiecie. Miała pokój obok dzieci albo z dziećmi. Dwa domy pod jednym dachem. Dzieci nie czuły się w pełnej rodzinie. Kiedy w szkole słyszały od innych, że np. mama z tatą idą spać i nie pozwalają przyjść do siebie do łóżka, były zdziwione, że rodzice śpią razem.

Jakie błędy popełniają najczęściej wobec swoich dzieci?

Rodzicom brakuje konsekwencji i cierpliwości. Rozumiem, że puszczają im nerwy ze zmęczenia i mają już serdecznie dość. Więc dają dziecku to, czego chce, chociaż wcześniej odmawiali. Kiedy takie sytuacje są na porządku dziennym, dziecko nieuchronnie będzie miało kłopoty z odczytaniem swoich granic.

No właśnie, może sposobem na to jest ustalenie zasad, które i niania, i rodzice przestrzegają.

> Opiekunka powinna wymagać, aby rodzice i ona tworzyli wobec dziecka wspólny front wychowania.

Na przykład kwestia uczenia dziecka samodzielności podczas jedzenia. Są nianie, które nie lubią, kiedy dziecko się brudzi, więc wycierają buzię i nie pozwalają trzymać łyżki. Rodzice chcą, żeby uczyło się jeść samo – trzeba te sprawy uzgadniać. Nawet niania czyścioszka musi wtedy pozwolić dziecku się ubrudzić. Powinno być też ustalone, jak daleko niania może wyjść z dzieckiem, czy może jeździć z nim komunikacją miejską i dokąd.

Zasady zasadami, ustalenia ustaleniami. Wszystko gra, dopóki do domu nie wpadnie babcia maleństwa.

Z doświadczenia wiem, że wtedy następuje starcie tytanów: stają naprzeciwko siebie dwie szkoły wychowania. Babcie i dziadkowie mają tendencje do pozwalania dzieciom na więcej niż rodzice. To naturalne. Tyle tylko, że jako opiekunka gubię się wówczas, bo nie wiem, czyj styl wychowania ma obowiązywać.

Przychodzi dziecko i mówi: „Babciu, ja chcę żelki". Babcia otwiera szafkę, daje żelki, ale niania dostała od mamy wytyczne, że dziecko nie może jeść słodyczy.

W takiej sytuacji powiedziałabym: „Dostaniesz żelki, ale po jedzeniu albo jak przyjdzie mama".

A babcia mówi: „Ale ja chcę mu dać teraz".

Wzięłabym babcię do drugiego pokoju i powiedziałabym, jakie dostałam wytyczne od rodziców i co z tym zrobić. Miałam kiedyś taką sytuację: babcia robiła po swojemu, była do mnie źle nastawiona. Efekt był taki, że nie miałam wpływu na to, co się dzieje z dziećmi. Proponowałam mamie dziecka, żeby ustalić zasady w trójkę. Siadłyśmy razem, babcia przytakiwała. Po czym sytuacja się powtarzała. Mama odpuściła. Babcia zaczęła wychowywać dzieci. A ja... odeszłam.

Co dyskwalifikuje nianię?

> Agresja wobec dziecka. A już zwłaszcza wtedy, kiedy rodzice tego nie widzą. To straszne, ale niestety często spotykane. Czytanie gazety na placu zabaw i niezwracanie uwagi na dziecko. Oczywiście niania nie musi się non stop z nim bawić, ale powinna się nim zajmować. Niania nie jest od tego, żeby siedzieć na ławce...

Jak zweryfikować jej naganne zachowania? Kamera i śledzenie z ukrycia?

Nie namawiam do śledzenia, ale zalecam ostrożność – w końcu bierzemy do domu obcą osobę.

Nie mam na myśli śledzenia, tylko... stworzenie sobie warunków, żeby zobaczyć, jak niania sobie radzi.

Byłam kiedyś obserwowana. Nie wiedziałam o tym. Mama dziecka wyjrzała przez płot i patrzyła na mnie. Przyznała później, że obserwowała mnie przez 10 minut, aby mieć pewność. Nie, nie czułam się dotknięta, tym bardziej że wcześniej to ona miała przykre doświadczenia. Miała do pomocy starszą panią, która była przemiłą osobą, lubiła czytać dzieciom bajki. Niestety, kiedyś wręczyła maluchowi w wózku plastikową reklamówkę. Dziecko założyło ją sobie na głowę. Nie dało się przekonać starszej pani, że dziecko może sobie zrobić krzywdę.

Wniosek: nianiami powinny być raczej młode osoby?

Tak. Szczególnie wtedy, kiedy dziecko trzeba nosić, bo to również fizycznie ciężka praca. Ale z chodzącym maluchem też nie jest lżej, bo trzeba za nim nadążyć. Z moich obserwacji wynika, że starsze panie są mniej elastyczne, mają swoje sposoby na wychowanie i nawet, kiedy rodzice poproszą, żeby czegoś nie robić, one i tak zrobią po swojemu. Poza tym często praca jest dla nich za ciężka. Ja mam 37 lat i – szczerze mówiąc – odczuwam już wysiłek, podnosząc dziecko czy chodząc/biegając za nim.

A po czym poznać na placu zabaw, że to niania, a nie matka?

Rozpoznaję bez pudła. Najłatwiej po sposobie zwracania się do dziecka. Na placu zabaw nianie bardzo uważają, żeby dobrze się zachowywać. Matka nie musi: może więc czasem krzyknąć bez takich skrupułów, jakie ma niania. Opiekunka bardzo często tłumaczy dziecku powoli i spokojnie. Choć widziałam też mamy, które są takie miłe i fajne dla dzieci.

Może się zdarzyć sytuacja, kiedy niania po prostu nie potrafi z siebie wykrzesać sympatii do dziecka, którym się opiekuje. Bo dzieci są różne...

Myślę, że może tak być. Kiedyś opiekowałam się niesłychanie trudnym dzieckiem i wiedziałam, że będzie ciężko. Wychodzę z założenia, że niania powinna czasem naprostowywać zachowanie dziecka, trochę jak psycholog. Nie sztuką jest zawyrokować: „Mają państwo trudne dziecko i ja sobie z nim nie poradzę". Rodzice zostaną z problemem i świat nie zrobi się przez to ani trochę lepszy. Ja raczej bym nie zrezygnowała – byłoby to dla mnie wyzwanie. Poza tym wychodzę z założenia, że dziecko nie jest złe z natury, ono chłonie wszystko to, co daje mu najbliższe otoczenie. Jeśli źle się zachowuje, to winę za to ponoszą emocje wynikające z tego, co się dzieje w rodzinie. Zostałabym przy takim dziecku z pełną świadomością, że będzie przy nim mnóstwo pracy i zaangażowania. Ale także więcej satysfakcji, jeżeli się uda zrobić jakiś postęp. Uważam, że podejście w stylu: „nie, dziecko mi nie odpowiada, bo jest niegrzeczne, bo jest złe, nie lubię go i jego nie da się lubić" jest niepedagogiczne. Przecież nauczyciel też nie może powiedzieć w szkole: „Dziękuję, proszę zabrać dziecko, bo ja sobie nie życzę". Zostałam nianią, bo bardzo lubię dzieci i zawsze mnie ciągnęło, żeby z nimi spróbować się czegoś nauczyć, zobaczyć, jak się rozwijają. Poza tym ciekawi mnie, jak dziecko obserwuje otoczenie. No i miałam też trochę ciągoty psychologiczne. Zastanawiałam się i obserwowałam, jakie dzieci robią postępy, czego się uczą najszybciej, co najbardziej lubią, co najszybciej im się utrwala. Poza tym pochodzę z rodziny wielodzietnej, mam sześcioro rodzeństwa. Myślę, że to też miało wpływ.

Ale, przyznaj się, nawet tobie puszczają nerwy, tym bardziej gdy masz do czynienia z trudnymi przypadkami. Co wtedy robisz?

W sytuacjach, kiedy jestem bardzo wzburzona, wychodzę do drugiego pokoju, żeby się opanować. Kiedyś pewien maluch doprowadził mnie do szału. Mówię mu: „Nie wytrzymam, muszę wyjść". Poszłam do drugiego pokoju, a ten 2,5-latek przyszedł za mną i powiedział: „Zosia, weź się w garść".

Czasami są takie sytuacje, że w domu w tym samym czasie są i niania, i mama. I co wtedy?

Wtedy jest trudniej, ale nie dlatego, że niania czuje się gorzej, tylko że dziecko reaguje na mamę z wytężoną uwagą. Utrzymanie dziecka tak, by nie biegło co chwila do mamy, wymaga więcej pracy. Mama w takiej sytuacji nie może uciekać od dziecka i udawać, że jej nie ma. Powinna przyjść i poświęcić mu chwilkę, przytulić i powiedzieć: „Teraz mama/tata musi iść do pracy, a ty się pobaw z nianią, później do ciebie przyjdę". Nie żegnać się przez 10 minut albo przytulać, wstawać, przytulać, bo dziecko jest wtedy rozedrgane i emocjonalnie dostaje w kość, a poza tym po prostu się boi.

Czy zdarzyły ci się niekomfortowe dla ciebie sytuacje, które były autorstwa dzieci?

Tak, dziewczynka w wieku czterech lat, kiedy zwróciłam jej uwagę, żeby posprzątała swój pokój, powiedziała mi: „Nic mi nie możesz kazać, ponieważ jesteś tylko nianią i pracujesz tutaj. Jak powiem tacie, że na mnie nakrzyczałaś, to cię wyrzuci z pracy!". Obstawiam, że wzięło się to z faktu, że często słyszała, jak tata rozmawia przez telefon ze swoimi podwładnymi.

„Zadenuncjowałaś" ją do rodziców?

Oczywiście. Wytłumaczyliśmy jej wspólnie, jak sprawy wyglądają i w czyjej gestii leży wyrzucanie niani i za jakie przewinienia. To wskazówka dla rodziców, żeby byli bardziej świadomi tego, co mówią przez telefon, kiedy ich dziecko słyszy. Byłam też w niezręcznej sytuacji, kiedy wyszło, jak dysfunkcyjnie dzieci odbierają emocje rodziców. Mama i tata mieszkali pod jednym dachem, ale w osobnych pokojach. Pewnego dnia mężczyzna chciał przede mną trochę zagrać wspaniałego męża i ojca z amerykańskich filmów. Chciał przytulić i pocałować swoją żonę w policzek. Reakcja jego dzieci była dla mnie szokująca. Dzieci się skuliły i zaczęły krzyczeć: „Nie!". Bardzo długo zastanawiałam się, o co chodzi. Później obserwowałam, że oglądając romantyczne bajki ze szczęśliwym zakończeniem, kiedy królewicz całował królewnę, dzieci chowały się i mówiły, że się boją. Co się okazało? Że rodzice nie okazywali sobie w ogóle uczuć. Głównie się kłócili, ale paradoksalnie – przytulając się. Widziałam, jak ojciec objął żonę ramieniem, żeby na nią nakrzyczeć – ona zaczęła się mu wyrywać i odpychać. Dzieci miały zaburzony obraz relacji. Przytulanie kojarzyło im się nie z naturalną bliskością, lecz z czymś groźnym i krzywdzącym. Koszmar.

Co czuje opiekunka, gdy zostawia dziecko po roku, dwóch czy więcej zajmowania się nim? Czy kontakt niani z dzieckiem powinien się utrzymywać po tym, kiedy formalnie przestanie się nim zajmować?

To bardzo trudne dla opiekunki, przynajmniej dla mnie. W moim przypadku, niestety, większość rodziców chciała zaprzestania kontaktów. Uważam, że to błąd, bo dziecko przebywając tyle czasu z opiekunką, nawiązuje z nią bliską więź. Żeby ułatwić ten proces separacji, przynajmniej przez jakiś czas obie strony powinny się widywać. Później można to oczywiście robić rzadziej, żeby dziecko przyzwyczaiło się do zmiany sytuacji.

Część IV
Przedszkolak

Każda mama, która spędza z dzieckiem pierwsze trzy lata w domu, czeka na ten dzień z wielką ekscytacją, jak i wielkimi obawami... Pierwszy dzień przedszkola. Kiedy już uda nam się wybrać odpowiednią placówkę, zaczyna się nowy etap w życiu naszego malucha, ale także w naszym.

Znam to. Byłam tam już trzy razy. Cieszyłam się szalenie na ten czas. Nareszcie odzyskam wolność! Odzyskam siebie! Będę mogła robić to wszystko, na co nie miałam szans, kiedy u nogi wisiał mi któryś z chłopców. Znów będę panią swojego czasu. I wszystko się zgadza, prawda?

Nieprawda! Bo często jest tak, że to my, rodzice, nieświadomie nie potrafimy rozstać się z naszym dzieckiem.

Dziś wiem, że choćbyśmy nie wiem jak bardzo się starali, nie jesteśmy w stanie zastąpić dziecku grupy rówieśniczej. Przedszkole to bardzo ważny etap w jego życiu. Kolejny, przejściowy. Ale dla nas rodziców pierwszy do tego, aby zaufać osobom, które przez cały dzień będą się naszym szkrabem zajmować. Czy zrobią to lepiej od nas? Nie. Nikt nam się nie stara odebrać głównej roli, ale czasami warto wejść za kulisy i zobaczyć, że ten mały człowiek, który zaczyna stawiać pierwsze kroki na nowej scenie, dostawać nowe bodźce od innych ludzi, świetnie daje sobie radę.

Nieraz będziemy musieli mierzyć się z wielkimi dramatami małego człowieka, słuchać o nowych przyjaciołach, nieraz też będziemy musieli tłumaczyć się z zachowania naszych pociech.

Po raz pierwszy za to obejrzymy przedstawienie z okazji Bożego Narodzenia, Dnia Mamy i Taty czy początku wiosny, w którym nasze dziecko będzie brało udział. Dla mnie ogromnym przeżyciem była każda własnoręcznie wykonana przez moich synków praca plastyczna – do dziś trzymam je w specjalnej teczce.

Przedszkole to wspaniała przygoda i wielki sprawdzian dla dziecka i jego rodziców. Stając się rodzicem przedszkolaka, sam momentami stajesz się przedszkolakiem. Fajny rodzic to taki, który nie tylko przyjdzie poczytać bajkę wszystkim maluchom z grupy, opowie o swojej pracy czy upiecze ciasto na rodzinny piknik. Czasem trzeba przebrać się za żabę. Kumkać, skakać i nosić zielone legginsy. Zapomnieć o tym, że jesteś policjantem, lekarką, psychologiem czy celebrytką. Na chwilę stać się kimś innym, kto rozbawi nie tylko dzieci, ale i dorosłych, biorąc udział w zabawnym przedstawieniu.

Nie obędzie się bez mniejszych lub większych kłopotów. Macie pewnie w głowie wiele pytań, w tym jedno najważniejsze – czy moje dziecko da sobie radę? Da radę. I to świetnie, jeśli tylko mu pomożecie. Jak to zrobić? Nasuwa mi się prosta odpowiedź – nie przeszkadzać.

Postanowiłam porozmawiać z ekspertami o tym, co mnie nurtowało. Mam nadzieję, że uzyskane odpowiedzi i wam pomogą. Usiądźcie ładnie na dywanie i przewróćcie kartkę. Nie panikujcie! To tylko przedszkole.

CZY KAŻDE DZIECKO POWINNO PÓJŚĆ DO PRZEDSZKOLA?

Magdalena Sujka, nauczycielka wychowania przedszkolnego

W nowoczesnym modelu wychowywania pojawia się hasło, żeby dzieci do przedszkola nie dawać. Jak to jest z pani punktu widzenia jako pedagoga?

Trzeba sobie zadać pytanie, czym jest dla nas przedszkole? Czy miejscem rozwoju, czy przestrzenią, w której po prostu można zostawić dziecko, gdy się pracuje?

A to się nie łączy?

Rodzice wysyłają do przedszkola dzieci w wieku 3 lat, bo widzą, że mają one ogromną potrzebę przebywania z rówieśnikami. Chcą się usamodzielnić, bawić się z innymi dziećmi. Z takimi przedszkolakami nie ma problemu. Ale są takie – w tym samym wieku – które nie są w ogóle gotowe do rozstania się z rodzicami. Mają duże stany lękowe. I co robią rodzice? Trzymają je w przedszkolu od 7 rano do 17 po południu. To ogromny błąd. Zdaję sobie sprawę z tego, że rodzice pracują. Natomiast dziecko jest drogowskazem i to ono powinno regulować swój czas pozostawania w przedszkolu. Maluch, który bawi się cały dzień fantastycznie, nagle o godzinie 16 zaczyna płakać. I ma do tego prawo.

Bo jest już zmęczony.
Narażony na zbyt długą separację z rodzicami i domem. Dziecko wie, że mama lub tata przyjdzie i nie o to chodzi, że jest nieszczęśliwe w przedszkolu. Po prostu brakuje mu indywidualnej opieki sam na sam, której w przedszkolu nie da się uzyskać. Brakuje mu kontaktu z rodzicami. Poza tym musimy pamiętać, że środowisko przedszkolne jest specyficzne: głośne, pełne przeróżnych bodźców wzrokowych, czuciowych, słuchowych. Układ nerwowy małego dziecka nie jest jeszcze dojrzały i taki gwar sprawia, że jest ono przeciążone. Dziecko potrzebuje relaksu.

Pytam, czy każde dziecko powinno iść do przedszkola, bo chciałam usłyszeć, czy rodzice są w stanie zastąpić dziecku grupę rówieśników?
Nie. Rodzice nie są w stanie zastąpić grupy rówieśniczej. Tych relacji nigdy nie będziemy w stanie sztucznie wytworzyć.

Inicjacje społeczne wyglądają tak: najpierw dzieci bawią się obok siebie – dziewczynka zajmuje się lalką, przychodzi druga ze swoją zabawką i siada obok koleżanki. Nie wchodzą ze sobą w kontakt. Obserwują nawzajem swoje zabawy. Z czasem zauważą drugą osobę i odkryją, że można bawić się razem, pomagać sobie i te relacje zaczną się pogłębiać. Zabawa stanie się głęboka, wielowątkowa. Potem zacznie się też proces nauki rozwiązywania konfliktów. Nic nie zastąpi takich kontaktów z rówieśnikami.

> **Zostawienie dziecka w domu może nie jest czymś strasznym, ale zabiera mu naukę społecznego funkcjonowania w grupie. Rodzice nie są w stanie nauczyć dziecka rozwiązywania konfliktów w taki sposób, jak uczyni to grupa rówieśnicza.**

Nawet jeżeli rodzice wyćwiczą je, żeby mówiło: przepraszam, proszę, dziękuję. Rodzic często ulegnie – pokrzywdzony kolega nie będzie do tego skłonny. Dziecko wie, że trzeba mu coś zaoferować, dogadać się. W momencie konfliktu w maluchu buzują emocje, z którymi taki trzylatek często nie jest w stanie sobie poradzić bez odpowiedniego treningu społecznego. Dziecko nie tylko uczy się sztuki dyplomacji i kompromisów, ale też społecznie akceptowanych form wyrażania własnych emocji, tak pozytywnych, jak i negatywnych.

I to jest normalne.

Trzyletnie dziecko, któremu zdarza się kogoś uderzyć (co oczywiście nie jest niczym dobrym), robi to dlatego, że nie jest jeszcze w stanie nazwać targających nim emocji. Jest np. złe, bo ktoś mu zabrał zabawkę. Może być zasmucone, rozgoryczone, rozczarowane, zazdrosne, ale nie zna żadnego z tych pojęć. Wie, że w duszy coś mu złego gra. To, co jest w stanie zrobić, to przedstawić emocje językiem ciała. Wobec tego bije. Często się zdarza, że dzieci dwuipół-, trzyletnie gryzą, co też nie wynika z agresji, tylko z braku umiejętności komunikowania się. Niektóre dzieci obrażają się, płaczą, wpadają w histerię. Są to społecznie niepożądane formy wyrażania własnych niechcianych uczuć. Nic nie zastąpi takich kontaktów z rówieśnikami, gdzie o dobre relacje z kolegami należy nauczyć się dbać!

Dzieci niechodzące do przedszkola mają później trudniej w szkole?

Na pewno mają trudniej, choć nie jest to regułą. Dużo zależy też od charakteru i temperamentu dziecka.

Jak się dowiedzieć, że dziecko może pójść do przedszkola?

Obserwować dziecko, rozmawiać z nim. I tyle.

Będziemy pewni, czy dziecko jest gotowe do bycia przedszkolakiem dopiero wtedy, gdy ono tam trafi. Może się świetnie bawić z rówieśnikami na placu zabaw pod okiem mamy, a w przedszkolu będzie dostawać napadów paniki. Przedszkole zostało tak skonstruowane, że sporo dzieci bez problemu dostosuje się do warunków w nim panujących. Ważne jest, żeby dziecko do przedszkola porządnie przygotować.

Co to znaczy?

Trzy lata to moment, w którym powinna już być rozpoczęta inicjacja społeczna. Dobrze, by dziecko weszło w kontakty z rówieśnikami. Rodzice powinni chodzić na place zabaw, do znajomych z dziećmi, aby uczyć norm społecznych. Dziecko, które idzie do przedszkola, powinno czuć się pewnie, że poradzi sobie bez mamy. Rodzice powinni też pamiętać o tym, że sami są wzorem do naśladowania dla swoich pociech. Nasze dzieci są często lustrem, w którym możemy zobaczyć własne zachowanie. To, jak traktujemy innych, w tym też syna lub córkę, będzie rzutowało na sposób komunikowania się i rozwiązywania konfliktów, jaki wybierze nasze dziecko.

JAK PRZETRWAĆ TRUDNY PROCES ADAPTACJI W PRZEDSZKOLU

Magdalena Sujka, nauczycielka wychowania przedszkolnego

Co mają zrobić rodzice, jeśli ich dziecko nie chce zostawać w przedszkolu?

Powinni poznać przyczynę niechęci dziecka do przedszkola. Powodów może być wiele i powinno się ich poszukiwać, współpracując z nauczycielem. Z własnego doświadczenia mogę powiedzieć o nieoczywistym powodzie, który zdarza się bardzo często.

> Dzieci nie chcą być w przedszkolu, bo... rodzice boją się je tam zostawiać. To dorośli lękają się, że dziecko sobie nie poradzi. Boją się, że nie będzie samodzielne, będzie biło albo będzie bite. Mają masę negatywnych odczuć. Pociecha przyjmuje te emocje jako swoje. Dlatego apeluję: nigdy przy dziecku ani do dziecka nie należy mówić zdań w stylu: „W przedszkolu pani cię nauczy", „Pójdziesz do przedszkola, zobaczysz, co to znaczy" albo (do sąsiadki, kuzynki, babci) „Ja nie wiem, jak on sobie da radę w tym przedszkolu".

Nadmierne przytulanie przed rozstaniem w przedszkolu, niewypuszczanie z ramion, dają dziecku – zamiast bezpieczeństwa – poczucie zagrożenia. No bo jak można zinterpretować fakt, że mama w szatni mówi: „Idź do sali, będzie fajnie", ale w ogóle nie wypuszcza z uścisku? Dzieci są bardzo inteligentne.

Tak jak z dentystą. Zanim dziecko wejdzie pierwszy raz do gabinetu, mówimy: „Nic się nie bój, nie będzie bolało" – i to oznacza, że wydarzy się coś, co jest zagrożeniem. Natomiast nie pomyślałam, że to rodzice mają większy problem, żeby się rozstać z dzieckiem.

I – uwaga! – w okresie adaptacji nie wolno dziecka oszukiwać. Jeżeli mówimy, że przyjdziemy po obiedzie, to żeby się waliło, paliło, mamy przyjść właśnie wtedy. Zostawianie dziecka do późnych godzin, zwłaszcza podczas pierwszych miesięcy, jest niewłaściwe.

Jak długo powinno przebywać w przedszkolu dziecko w okresie adaptacyjnym?

Tak naprawdę najkrócej jak się da. Tak krótko, na ile są w stanie pozwolić sobie rodzice. Przy czym to niekoniecznie oni muszą odbierać dziecko z przedszkola, mogą to zrobić babcia, ciocia, opiekunka. Jednak rekomenduję wcześniejsze odbieranie dziecka, np. po obiedzie, niż późne przyprowadzanie. Bo zazwyczaj rano odbywają się zabawy integrujące i adaptujące. To pora największych aktywności w przedszkolu, czyli czas, w którym dziecko dobrze się bawi. Pozostawia pozytywne skojarzenia i chęć do przyjścia kolejnego dnia. Wspólne śniadanie to także forma integracji z rówieśnikami. Zachęcam zatem do punktualnego przyprowadzania dzieci. Dla mnie jako pedagoga ważne jest, żeby w tych pierwszych tygodniach dziecko w ogóle nie leżakowało.

Nazwa „leżakowanie" jest czymś groźnym, bo oznacza dla malucha, że zostanie w przedszkolu na noc. A ponieważ dziecko nie ma poczucia czasu, ubranie się w piżamę, położenie na leżak, jest równoznaczne z tym, że jest w przedszkolu cały dzień i całą noc. Proponuję unikać słowa „leżak": zastępujmy go słowem „odpoczynek", „poobiednia drzemka". Trzeba tylko dziecku wyjaśnić zasady przedszkolne: że odpoczywamy w piżamkach, żeby pościel utrzymać w czystości, a ciało lepiej odpoczywało.

> Polecam rodzicom, żeby nie przereklamowali przedszkola. Jeżeli będą opowiadali dziecku niestworzone historie: będzie cudownie, wszyscy się będą bawić, zobaczy superzabawki, naje się pysznego jedzenia – to... dziecko może się trochę rozczarować.

Przyjdzie do przedszkola, zobaczy salę: będzie faktycznie kolorowa, z zabawkami. Ale one wcale nie muszą być lepsze od tych, które ma w domu. A w dodatku na miejscu będzie grupa dzieci – ale żadne nie będzie się chciało bawić, bo wszystkie będą płakać. Obiad też będzie inny – z warzywami i „zielonym", a nie taki jak u mamy. Do tego dodajmy hałas i harmider i mamy rozczarowanie jak w banku.

Malujmy przed dzieckiem realny opis przedszkola. Przed rozpoczęciem zajęć można wychodzić z dzieckiem na spacery, pokazywać, gdzie jest ogród przedszkolny, po którym niedługo będzie chodzić i gdzie będzie się bawić. Często w tym ogrodzie już są dzieci – można pokazać, że są zadowolone, śmieją się, a czuwa nad nimi pani i one mogą do niej przyjść i w każdej chwili prosić o pomoc.

A co z mamami albo tatusiami, którzy przychodzą z dzieckiem po raz pierwszy do przedszkola, zostawiają Jasia czy Hanię płaczących i najchętniej usiedliby na tych małych krzesełkach, patrzyli, czy ona/on sobie daje radę?

Nie wyobrażam sobie w mojej sali dwudziestki dzieci i dwudziestki dorosłych, to nie jest zabawa. Przy dziecku, które nigdy nie rozstawało się z mamą, warto przećwiczyć zostawanie na jakiś czas, na przykład z ciocią. Chociażby w czasie wakacji, na godzinę, dwie. Maluch powinien zobaczyć, że zniknięcie mamy nie oznacza, że ona już nigdy nie wróci. Warto podjąć próby odseparowania od dziecka, delikatne, powolne, nie na siłę. Można zacząć z osobami znanymi, babcią, ciocią, potem – z mniej dziecku znanymi. I ważne: maluch, którego wysyła się do przedszkola, powinien mieć trzy tygodnie zbliżone rytuałami dnia do tych obowiązujących w przedszkolu: posiłki o podobnych porach i zasypianie o podobnych porach.

Co mówimy dziecku przy pożegnaniu, kiedy wychodzimy z przedszkola?

Chwalimy je, że jest bardzo dzielne. Mówimy, że w przedszkolu może być mu smutno, dajemy mu prawo do własnych emocji. Ono nie musi być pierwszego dnia niezwykle szczęśliwe. Są rodzice, którzy nie pozwalają własnemu dziecku płakać. Zrobią wszystko, żeby tylko uniknąć rozpaczy. A przecież dziecko ma prawo do płaczu. Jest nieszczęśliwe i płacz jest jednym z niewielu sposobów, jakie do tej pory poznało, aby smutek wyrazić. Przypominamy, że po niego wrócimy. Jeżeli dziecko ma rozbudowany słownik i rozumie już zwroty, możemy mu wytłumaczyć: „Idę do pracy i jak skończę, wrócę do ciebie i zabiorę do domu". Możemy zastosować chwyt „totemu": dać dziecku misia, kocyk, zdjęcie rodziców, jakąś rzecz, która będzie mu przypominała o domu. Wtedy ono czuje, jak bardzo jest dzielne. Kocyki najlepiej sprawdzają się w takiej sytuacji. Zachęcam też rodziców, żeby w wakacje poprzedzające pójście do przedszkola kolekcjonować wspólnie z dzieckiem wyprawkę. Niech samo wybierze kapcie, nową bluzeczkę, kredki albo misia – pomagiera, który przegoni smuteczki. W szatni z dzieckiem się oczywiście przytulamy, zapewniamy o swojej miłości i uczuciach, możemy się wycmokać, poprzytulać, ale nie przedłużać rozstania. Panie w grupach są tak przetrenowane, że naprawdę wiedzą, jak sobie poradzić z płaczącym dzieckiem. Najtrudniejsze chwile to pierwsze dwa tygodnie, kiedy dziecko ma prawo do rozpaczy z powodu nowej sytuacji.

Powiedzmy, że adaptacja trwa dwa miesiące i nie ma widoków na poprawę. Cały czas płacz.

Warto porozmawiać z nauczycielem, jak widzi dziecko w grupie, poprosić o konsultacje psychologa. Dobrze, aby dziecko poobserwowano, czy rzeczywiście czuje się tak dramatycznie nieszczęśliwe, że warto zrezygnować, i wtedy można pomyśleć o odłożeniu w czasie pójścia do przedszkola.

Mieliście takie dzieci?

Zdarzały się. Zmagały się z problemami rozwojowymi lub niespójną integracją sensoryczną: przeszkadzały im hałas, zapach lub obiad, który jest zbyt wilgotny niż powinien być. Warto być w takich przypadkach w kontakcie z nauczycielem i psychologiem. Może wystarczy dać dziecku jeszcze pół roku, a może trzeba wysłać je na terapię integracji sensorycznej? Ale jeżeli nauczyciel i psycholog nie zwrócą uwagi na jakieś nieprawidłowości, nie trzeba się sugerować tym, że maluch płacze w domu i szatni. Najlepiej zapytać nauczyciela, jak dziecko funkcjonuje w grupie. Uwaga dla rodziców bardzo ważna: nie ulegajcie płaczowi w szatni. Często są takie sytuacje: rodzic wstaje rano z myślą, że zaprowadzi dziecko do przedszkola. Ono wpada w płacz. Rodzic idzie do przedszkola i ma twarde postanowienie, że odda malucha do przedszkola. Docierają na miejsce, dziecko wpada w szał. Rodzic odpuszcza i wraca z nim do domu.

To się nigdy nie uda...

Dziecko nauczy się wymuszać płaczem niepójście do przedszkola. A systematyczne uczęszczanie jest ważne. Ważna jest systematyka i konsekwencja. Każdy wie, że dziecko sprawdza, gdzie są granice, i płaczem codziennie je sobie przesuwa. Jeśli kilka razy rodzic zwolni się z pracy, bo dziecko histeryzuje, to pokaże mu, że obowiązek pracy jest czymś bardzo elastycznym, czymś, w co dziecko może za każdym razem ingerować. Im więcej przerw, tym będzie gorzej. Dobrze po takim dramatycznym płaczu zapytać nauczyciela, jak dziecku przebiegał dzień w przedszkolu. W 100 proc. okaże się, że świetnie. Dlatego nie warto ulegać dzieciom, które błagają o powrót do domu lub o dużo wcześniejsze odebranie ich z przedszkola.

Kiedy zaprowadziłam pierwszy raz Fryderyka do przedszkola, tłumaczyłam, że każdy ma coś do zrobienia: mama z tatą idą do pracy, a on do przedszkola.
To jest dobra metoda. Dzieci akceptują takie argumenty. 5-latki, które spotykają się z płaczącymi 3-latkami, tłumaczą im, że rodzice mają pracę, a my mamy przedszkole. To dobrze zapada w pamięć, bo fantastycznie tłumaczy realia. Ta sytuacja dla wszystkich jest korzystna: widzą, że jak rodzic w weekend nie idzie do pracy, to one też zostają w domu. Naprawdę trzeba się uzbroić w cierpliwość, dać sobie i dziecku czas. Warto znaleźć spokój w sobie: moje dziecko jest bezpieczne i nie robię mu tym krzywdy, z czasem ono mi za to podziękuje, bo się rozwinie.

MOJE DZIECKO NIE LUBI PANI PRZEDSZKOLANKI

Magdalena Sujka, nauczycielka wychowania przedszkolnego

"Pani w przedszkolu mi się nie podoba" – mówi dziecko. I co rodzic ma z tym zrobić?
Dziecko ma takie prawo. Rodzice powinni porozmawiać z maluchem, dlaczego pani mu się nie podoba, co robi takiego strasznego, że jest do niej zniechęcone? Następnie (bo tego się nie przeskoczy) udać się do wychowawczyni i powiedzieć o obawach dziecka. Szczerze i otwarcie – tutaj ważne są umiejętności rodzica, żeby nie zrobić tego w sposób agresywny i atakujący nauczyciela. On często nie jest świadomy, że coś w jego osobowości przeszkadza dziecku.

A zdarzają się takie przypadki, że dziecko wyjątkowo źle reaguje na nauczycielkę?
W mojej praktyce nie miałam takiego przypadku. Pamiętam, że jedno dziecko bało się mnie, bo usilnie namawiałam je do zjedzenia zupy. Ale wystarczyła jedna rozmowa z mamą. Usłyszałam od niej, że dziecko boi się chodzić do

przedszkola z powodu zupy. Następnego dnia przestałam namawiać. Jeżeli jednak są naprawdę mocne konflikty z powodu niechęci dziecka do nauczyciela, to lepiej zadać sobie pytanie, czy...

Nie zmienić grupy?

To jest naprawdę ostateczność. Najważniejsze pytanie brzmi: czy rodzice chcą, żeby się dziecko męczyło z nielubianą nauczycielką? Bo jeśli tego nie chcą, muszą je rozłączyć z kolegami i koleżankami. Można o tym porozmawiać z dzieckiem. Ale to, co nam ono odpowie, trzeba rozważyć w kategoriach jego wizji. Skąd dziecko ma wiedzieć, z czym to się wiąże. Pięciolatek na pewno mocniej to przeżyje niż np. trzylatek.

SPOSÓB NA NIEJADKA

Magdalena Sujka, nauczycielka
wychowania przedszkolnego

Czy zmuszać dziecko do jedzenia obiadów?
Jestem przeciwna. Sama, chociaż jako osoba dorosła, jestem właściwie wszystkożerna, mam dwie potrawy, których nie tknę: kaszanki i krupniku. Nie wyobrażam sobie, że ktoś by mnie do tego zmusił. Nie można dziecku, które nie lubi ćwikły albo ogórków czy pasztetu, nakazać to jeść. Lepiej je nauczyć poznawania różnych smaków. To może być takie ćwiczenie: zaczynamy od wąchania potrawy, smakowania językiem i odsuwania. Po tygodniu takiego treningu można wprowadzić do jadłospisu nieznany dotąd owoc czy potrawę. Dziecko nieprzymuszane do jedzenia prędzej czy później zacznie próbować nowości. Będzie zaciekawione, a jednocześnie będzie miało wrażenie, że to ono jest autorem zmian, a nie ktoś, kto je do tego zmusza. Inną sprawą jest to, że rodzic może zastanowić się, dlaczego dziecko jest niejadkiem. Często wynika to z faktu, że rodzice podają dziecku mnóstwo drobnych przekąsek w czasie dnia, prze-

ważnie słodkich i niezdrowych, np. owocowy jogurcik, chrupki kukurydziane, cukierek, a potem są zdziwieni, że dziecko nie zjadło obiadu. Często spotykamy się z praktyką rodziców niejadków, którzy odbierając dziecko, w szatni podają mu rogalik z czekoladą lub batonik. Dziecko wie, że nie musi jeść zupy, bo za chwilę przyjdzie mama z dużo smaczniejszym posiłkiem.

> Mam skuteczny i sprawdzony sposób na niejadków. Mówię dzieciom (one wiedzą, że to żart): od jedzenia danej rzeczy coś rośnie. Może np. urosnąć kolano, oko, ucho. I jak ktoś chce mieć superwielką piętę, to wiadomo, że ona rośnie od brukselki. Dzieci zajadają się więc surówką z marchwi i porównują sobie łokcie lub nosy.

Czy rodzic może wymagać, aby dziecko zostało nakarmione przez panią w przedszkolu?

Tak. Od tego np. w trzylatkach jest pomoc nauczyciela. W pięciolatkach wstydzą się prosić, ale zdarza się, że i tutaj potrzebują pomocy. Dzieci często pytają: „Czy mnie pani nakarmi zupą?". I to nie dlatego, że nie potrafią czy nie mają ochoty jej zjeść, tylko dla podtrzymania domowego rytuału.

BEZSTRESOWE WYCHOWANIE W DOMU A DYSCYPLINA W PRZEDSZKOLU

Magdalena Sujka, nauczycielka wychowania przedszkolnego

Macie przypadki dzieci pochodzących z domów, w których wychowuje się bezstresowo?

Pewnie, na potęgę. Dla mnie bezstresowe wychowanie mija się z celem i prawdę mówiąc, nie do końca rozumiem tę filozofię.

Moim zdaniem bezstresowe wychowanie oznacza po prostu „niewychowywanie". To raczej machanie ręką i mówienie: „niech ono sobie robi co i jak chce".

Jeśli ktoś chce tak postępować z pełną świadomością, to krzywdzi swoje dziecko. Chyba że robi to bez zastanowienia – wtedy wychowanie dzieci przypomina uprawę warzywa w ogródku. Trzeba je ubrać, przebrać i nakarmić, ubrać, przebrać i nakarmić. Rozumiem, że bezstresowe wychowanie polega na tym, że nie dopuszcza się do sytuacji, w których dziecko odczuwa napięcie. Wszyscy wiemy, że stres nie jest pozytywnym zjawiskiem i specjaliści każą nam go unikać. Jednak wychowując dziecko w ten sposób, zabieramy mu niepowtarzalną szansę na naukę tego, jak należy sobie radzić ze stresem. Niestety nasza pociecha nie uniknie go w dorosłym życiu. Mając jednak szczęśliwe bezproblemowe dzieciństwo, nie będzie umiała sobie radzić z podstawowymi sytuacjami dnia codziennego. Chcę uświadomić rodzicom próbującym bezstresowego wychowania, że dziecko potem źle funkcjonuje w przedszkolu.

Z czym ma problem?

> Dziecko wychowywane w domu bezstresowo w przedszkolu przechodzi dramat. Zderza się co krok z barierami nie do przebicia. W domu nie miało żadnych zasad, norm, mogło wszystko robić i dostawało to, czego żądało. Teraz nie może zjeść batonika, nie może pójść tam, gdzie chce. I nie wie, co ma robić. Dostaje więc napadów agresji, by wydobyć z siebie skumulowane emocje frustracji, niezrozumienia, zagubienia. Nie rozumie, co się dzieje, więc wybucha agresją.

Często też dziecko nie chce przychodzić do placówki, bo w domu nikt nic nie wymaga, a w przedszkolu – odwrotnie. Rozłąka z mamą jest o wiele bardziej dramatyczna. Brak umiejętności pójścia na kompromis, niedawanie niczego od siebie w kontakcie z rówieśnikami kończy się odrzuceniem przez dzieci.

No nie jest to dobry partner do zabawy.
Nie jestem zwolenniczką tresowania dzieci. Ale dziecko powinno wiedzieć, że są pewne normy społeczne, zwroty grzecznościowe, jest harmonogram dnia, rytuał. Dziecko, które nie przestrzega harmonogramu dnia, je biegając po całym domu. Bardzo często się zdarza, że rodzice karmią dzieci, goniąc za nimi z łyżką. Doskonale widać te różnice podczas przedszkolnego obiadu: dzieci, które miały podstawy prawidłowego zachowania przy stole, siedzą i jedzą, a pozostałe (naprawdę to się często zdarza, nawet wśród 5-latków) odchodzą od stołu i po prostu biegają po dywanie.

Inny błąd, jaki popełniają rodzice podczas posiłków, to oglądanie telewizji w trakcie jedzenia. W internecie można obejrzeć mamę, która karmi roczne dziecko, a do czoła gumką ma przymocowany tablet.

KOSZMAR PRZEDSTAWIEŃ PRZEDSZKOLNYCH

Magdalena Sujka, nauczycielka wychowania przedszkolnego

Nie wszystkie dzieci czują się na scenie jak ryba w wodzie...

To ich do tego nie zmuszajmy! Lubię przedstawienia przedszkolne i uwielbiam przygotowywać je z dziećmi, bo to twórcza praca i zawsze się dobrze bawimy. Ale dla niektórych dzieci wyjście na scenę jest za dużą traumą i dlatego nie powinny brać udziału w teatrzyku.

Ale każdy rodzic chce, żeby to właśnie jego dziecko powiedziało wierszyk. I jak teraz wytłumaczyć rodzicom, że nie?

> Najchętniej zbeształabym porządnie rodzica, który zmusza dziecko do mówienia wierszyków. Trudno racjonalnie wytłumaczyć, dlaczego dziecko nie chce brać udziału w przedstawieniu. Po prostu nie, bo nie. Nie, bo dziecko nie chce. Nie, bo ma traumę. Nie, bo będzie miało złe wspomnienia z przedszkola. Nie, bo to jest dla niego coś strasznego.

Za kompletnie bezsensowne uważam przedstawienia na pasowanie na przedszkolaka. Uczestniczą w nich dzieci oderwane od mamy, w całkiem nowym środowisku. Nie chodzi o to, że my nie nauczymy ich wierszyków i piosenek. Nauczymy. Tyle tylko, że małe dziecko widząc mamę siedzącą na widowni, pragnie do niej pobiec. Widzi dużo nowych twarzy, błyskają flesze aparatów, a pani podstawia mikrofon, który dodatkowo nienaturalnie zmienia znaną mu barwę swojego głosu, i każe recytować wierszyk. Hania obok już płacze, Krzyś też. Dziecko myśli, że pewnie dzieje się coś złego i też wpada w rozpacz. Oczywiście można przeprowadzić wesołą inicjację pasowania na przedszkolaka. W sali, podczas wspólnych zabaw z rodzicami, nie zmuszając dziecka do niczego, ale dając mu swobodny wybór, z których atrakcji chce skorzystać.

TRUDNE DZIECIĘCE PRZYJAŹNIE

Justyna Korzeniewska, psycholog

Zarysuję sytuację: jest dwóch przyjaciół (mój syn i Staś), bawią się świetnie i rozumieją bez słów. Zjawia się ten trzeci. Przyjaciel mojego syna rozluźnia kontakty i bawi się z nowym. Nasz maluch zazdrości: „Staś nie ustawia się ze mną w parze, bo kocha już tylko Antosia". Co zrobić z Antosiem?

To częste sytuacje i jest coraz więcej takich przypadków. Dzieci nie mają rodzeństwa i brakuje im kontaktu z rówieśnikami. Nie nauczyły się, że z kilkoma osobami można mieć relacje o różnym stopniu zażyłości. Rozumieją tylko przyjaźń, wielką, ogromną i dozgonną.

Z jedną osobą.

Inaczej jest z dziećmi, które mają rodzeństwo albo częste kontakty z kuzynami. Szybciej uczą się, że można mieć kolegę, znajomego i przyjaciela. I to, że bawi się na przerwie z innym dzieckiem, nie oznacza, że zapomina o przyjacielu.

I to nie jest zdrada. Mój syn powiedział mi, że jego przyjaciel go zdradził.

Zawiódł jego oczekiwania.

Dzieci, mówiąc o przyjacielu, nie używają sformułowania: „bardzo go lubię", tylko „kocham go".

Dzieci dopiero uczą się gamy różnych emocji związanych z drugą osobą. Na początku są to pojęcia krańcowe: „lubię – nie lubię" albo „kocham – nienawidzę", dopiero z czasem uczą się, że pomiędzy jednym a drugim jest szeroki wachlarz, że można kogoś nie lubić, ale nie robić mu krzywdy, tylko po prostu go unikać. W toku doświadczeń społecznych dzieci uczą się, że istnieje różny poziom zażyłości, różne stopnie przyjaźni. Z postrzegania rzeczywistości „dzień bez przyjaciela w szkole jest dniem straconym" z wiekiem się wyrasta.

I potem już młody człowiek na własną rękę zdobywa inne doświadczenia relacyjne. W wieku nastoletnim z pewnością zauważy, że są koledzy, znajomi, przyjaciele, tacy superprzyjaciele, są też przyjaciele, którzy zdradzili i zmieniają się w kogoś innego. Im więcej różnorodnych doświadczeń społecznych, tym bardziej realistyczny obraz relacji z innymi. One są po prostu różnorodne.

Znalazłam dobre rozwiązanie: przyjaciel mojego syna mieszka w tej samej klatce. Często staram się, żeby poza przedszkolem spotykali się tylko we dwóch. Od tego czasu Antoś przestał być wrogiem nr 1.

To dobrze, że mają swój intymny świat, że są tylko we dwóch, ale potem jako para przyjaciół występują w szerszej grupie. Grają w grę zespołową i rozumieją: wybrany i ukochany przyjaciel podaje piłkę komuś innemu nie dlatego, że zdradza, tylko zrobił to dla zwycięstwa drużyny. Ale nadal ustawiają się razem w parach.

LIDER GRUPY

Magdalena Sujka, nauczycielka wychowania przedszkolnego

W przedszkolu czasami dzieci zakochują się w liderze grupy, który nie zawsze zachowuje się najlepiej. Przychodzą do domu i mówią: „Jasiu to i tamto, a Jasiu wie najlepiej, jest najlepszy, a ja chcę tak jak Jasiu".

Można poprosić dziecko, żeby samo oceniło zachowanie Jasia. Ponieważ starsze dziecko zaczyna odróżniać dobro od zła, robienie krzywdy od pomagania, jest w stanie wydać osąd, czy jego zachowanie było prawidłowe, czy nie.

A jeżeli zawsze jest nieprawidłowe?

Nie ma co na siłę odciągać dziecka od kolegi lidera, bo zakazany owoc kusi najbardziej. Chodzi o to, żeby zbudować w dziecku poczucie własnej wartości – Jasiu nie może oznaczać, że ja jestem gorszy. Dobrze przedstawić zachowanie lidera z punktu widzenia innego dziecka. Jeżeli np. „Jasiu był według ciebie fajny, bo zamalował Ani obrazek", to jak się czuła Ania – postarajmy się odwołać do dziecięcej empatii. Pomoże mu to zrozumieć, czy zachowanie było dobre, czy złe. Jeżeli dziecko nie jest w stanie tego zrobić, można powiedzieć, że to zachowanie mnie jako rodzicowi nie podobało się. Nie mówimy o dziecku (nie dziecko jest złe!), tylko o jego zachowaniu.

Jak sobie powinni radzić rodzice, kiedy dostają od nauczyciela komunikat, że dziecko jest małym buntownikiem?

To, co pani nazywa buntownikiem, my nazywamy liderem grupy. Jako nauczyciel bardzo ich lubię. Lider grupy współpracujący z nauczycielem potrafi pociągnąć za sobą pozostałe dzieci. Jeśli pokażemy mu akceptowalne lub pożądane przez nas sposoby spędzania wolnego czasu, będziemy pewni, że pozostali też będą się w takie zabawy bawić. Nie zobaczymy trzech dzieciaków, które cichaczem w kącie nożyczkami tną książki. Problem pojawia się wówczas, kiedy takich liderów jest 20 na 25 osób...

Ups...

Miałam taką grupę trzy lata temu. Gigantyczne starcia umysłów, idei i pomysłów, i to było faktycznie duże wyzwanie. Dzieciaki się przy tym tak cudownie uczyły rozwiązywać konflikty i iść na kompromisy, że wszystkim to wyszło na zdrowie.

> **Kiedy rodzic usłyszy, że ma dziecko, które grupą steruje, powinien zapytać: w dobrym czy złym kierunku?**

Najlepiej, żeby w dobrym, ale często się zdarza, że w złym. Jeżeli dziecko jest krnąbrne i zachowuje się wbrew zasadom panującym w grupie, nauczyciel powinien znaleźć do niego klucz. Za dobre chwalić i wzmacniać pozytywne zachowania. Złe zachowania są zazwyczaj próbą zwrócenia uwagi. Nauczyciel, który to widzi, powinien nauczyć grupę niereagowania na takie zachowanie.

CO TRZEBA WIEDZIEĆ O MUTYZMIE?

Justyna Korzeniewska, psycholog

Co to jest mutyzm?

Mutyzm wybiórczy to zaburzenie funkcji mowy. Chodzi o sytuację, kiedy dziecko nie utraciwszy funkcji mowy, w określonych okolicznościach w stosunku do pewnych osób, nie mówi. Ale też nie płacze i nie krzyczy.

Czyli w ogóle nie reaguje na jakąś osobę?

Nie reaguje w sposób werbalny. Mutyzm wybiórczy jest często mylony z nieśmiałością dziecka wynikającą z temperamentu albo z sytuacji. Są dzieci, które w nowych miejscach, okolicznościach potrzebują więcej czasu, żeby się zaadaptować. Ale nawet jeżeli są na tyle onieśmielone, że nie mówią, to jednak zaśmieją się, więc słyszymy tembr głosu. Albo jeżeli się czegoś przestraszą, krzykną. Przy mutyzmie osoby, które oczekują kontaktu od dziecka, w ogóle nie znają barwy jego głosu. Najczęściej mutyzm wybiórczy jest rozpoznawany, kiedy dziecko zaczyna chodzić do przedszkola. Wtedy opiekunowie sygnalizują rodzicom, że niepokoi ich rozwój mowy u dziecka. Okazuje się, że maluch w ogóle nie nawiązuje kontaktu słownego. Przy czym nie rozmawia z dorosłymi w przedszkolu, natomiast dialoguje ukradkiem z dziećmi. Ale kiedy zbliża się osoba dorosła – wychowawca, przedszkolanka, pani psycholog, pedagog – milknie. Czasami dzieje się tak i w stosunku do dzieci, i do dorosłych.

Czy ten syndrom może się też pojawić w domu?

W domu dziecko najczęściej mówi prawidłowo, dużo, wręcz jest gadatliwe, właściwie ciągle świergocze. A dlaczego w przedszkolu nie? Tu dochodzimy do sedna sprawy. Przyczyną mutyzmu są deficyty w kontakcie emocjonalnym z rodzicami. Rodzice kochają swoje dziecko i dbają o jego potrzeby fizyczne. Maluch jest zadbany, czysty, otoczony świetnymi zabawkami. Ale brak mu satysfakcjonującego kontaktu z rodzicami. Dziecko ma poczucie, że nie jest ważną osobą.

Że rodzice są dla niego niewystarczający?

> Dzieci z mutyzmem pochodzą z rodzin, w których rodzice nie mają ochoty/potrzeby/umiejętności, żeby wejść w świat dziecka. Rodzice stworzą mu warunki do zabawy, ale sami się w nią nie angażują, nie umieją porozmawiać i próbować spojrzeć na świat jego oczami.

Mechanizm zaburzenia jest następujący: dziecko stara się sprowokować rodzica do uwagi, dlatego jest aktywne, dużo mówi. Natomiast kiedy jest z dala od rodzica, jego motywacja spada, bo wie, że nie przyniesie mu ona uwagi. Rodzice słysząc o tym problemie, dziwią się, szukają przyczyny niepowodzenia w placówce dydaktycznej, a nie w domu. Logiczne, prawda? Tymczasem, aby dobrze zrozumieć istotę sprawy, trzeba uważniej poobserwować dziecko. Bo wcale nie musi chodzić o złe adaptowanie się do przedszkola.

Jak odróżnić, kiedy rzeczywiście dziecko ma problem z zaadaptowaniem się do przedszkola, a kiedy jest to mutyzm wybiórczy?

Rozstrzygająca diagnoza musi być przeprowadzona przez psychologa. Dziecko z mutyzmem wybiórczym nie sprawia żadnych problemów wychowawczych. Spełnia polecenia – z wyjątkami, np. kiedy ktoś je poprosi, żeby się przedstawiło albo coś opowiedziało. Bawi się z innymi dziećmi, nie wchodzi w konflikty, nie protestuje przy rozstaniu, nie płacze, nie wypytuje, kiedy przyjdzie rodzic. Inaczej jest z dzieckiem, które kiepsko adaptuje się do przedszkola. Ono nie przyjmuje spokojnie rozłąki z rodzicami, nie będzie cierpliwie czekało na ich powrót. Personel będzie się musiał mocno wysilić, żeby zapewnić mu atrakcje, w które się zechce zaangażować – dla niego najważniejsze będzie czekanie na rodziców. Żadne zabawy nie będą wtedy atrakcyjne, a przede wszystkim zajęcia wymagające od niego aktywności – rysowanie ani gry go zupełnie nie interesują.

Mutyzm może dotknąć także starsze, a nie tylko przedszkolne dzieci?

Mutyzm najczęściej występuje w okresie przedszkolnym, ale może się pojawić u starszych dzieci, nawet dziesięcioletnich. Jeżeli występuje później, sytuacja jest poważniejsza. Dlaczego? Bo to oznacza, że deficytowa relacja rodzice-dziecko trwa bardzo długo. Wtedy alarm powinien być jeszcze większy, a reakcja otoczenia – szybsza. Starsze dzieci potrafią przeciwstawiać się rodzicom, buntować, domagać się uwagi. Milczenie u 10-latka musi zwiastować coś bardzo poważnego na poziomie emocjonalnym. Warto więc zwrócić uwagę na obraz dziecka: tego, co mówi, czy jest smutne, apatyczne, depresyjne. Dzieją się wokół niego ciekawe, wesołe rzeczy, inne dzieci się śmieją, bawią, a ono obserwuje, czasami nawet w tym uczestniczy, ale bez entuzjazmu.

Co można w takiej sytuacji zrobić?
Specjalista musi zrobić pełną diagnozę rodziny: mamy, taty, rodzeństwa. Następnie sugeruje terapię, najczęściej jest to terapia rodzinna. I moja porada – jeżeli chodzi o starsze dzieci – na diagnozę i terapię trzeba się udać jak najszybciej.

Część V
Szkolne początki

> KAROLINA MALINOWSKA <

Pamiętacie, kiedy zostaliście uczniami szkoły podstawowej? Ja pamiętam doskonale. Tarcza, ślubowanie, nowi przyjaciele i obowiązki. Odpowiedzialność, odrabianie lekcji, nauka, odkrywanie świata. I ranne wstawanie. Nie wiem dlaczego, ale to właśnie ten czas wspominam najmilej. Być może dlatego, że wtedy pierwszy raz tak naprawdę jako dzieci uczymy się funkcjonować samodzielnie.

To czas, kiedy bardzo świadomie zawieramy przyjaźnie, niektóre na całe życie. Zdobywamy nie tylko wiedzę z różnych dziedzin, ale i wiedzę o nas samych. Co lubimy, czego nie. Czym się jesteśmy w stanie zainteresować, w czym jesteśmy dobrzy. Poznajemy swoje talenty. Sprawdzamy, na jakim polu możemy osiągnąć sukces.

Przy dynamicznie zmieniających się pomysłach wszelakich ministrów edukacji w różnych rządach musimy podejmować coraz to nowe decyzje odnośnie posłania dziecka do szkoły. Czy nasz maluch powinien mieć sześć czy siedem lat? A skąd w ogóle wiadomo, że to już ten moment? Czy da sobie radę? Czy potrafi się skoncentrować? Milion wątpliwości...

Fryderyk poszedł do szkoły jako sześciolatek. Nie żałuję tej decyzji, bo po pierwszym roku widzę, że świetnie dał sobie radę nie tylko z uczniowskimi obowiązkami, ale także z adaptacją między innymi dziećmi. Wybraliśmy fajną szkołę – dziś to wiem z całą pewnością. Państwową, w naszej dzielnicy. Chodzą do niej bardzo różne dzieci z różnych domów, nawet różnych narodowości. To uczy tych młodych ludzi szacunku do bycia innym.

Czy nie było kłopotów? Nie. Serio. Z pomocą psychologa szkolnego, uważnej wychowawczyni, dyrekcji, która jest mocno obecna w życiu każdej klasy, da się to świetnie okiełznać.

Pojawiają się pierwsze zazdrości o przyjaźnie z przedszkola. Pojawiają się także pierwsze miłości. Zdarzyło mi się zobaczyć kilka listów miłosnych do mojego syna, a i kilka napisał przy mnie... Pojawia się radość z tego, że im wszystkim jako klasie coś się udało. Stykamy się z rywalizacją o to, kto ma więcej plusów. Dzieciaki rozumieją nagle, że wspólne działanie ma sens – na przykład zbieranie korków po to, aby z uzyskanych pieniędzy zapewnić rehabilitację koledze ze starszej klasy.

Dla nas rodziców to czas zupełnie nowych wyzwań. Poranne wstawanie, doskonałe zaplanowanie dnia po szkole. Wybór zajęć dodatkowych, chodzenie na wywiadówki. Konfrontacja z innymi rodzicami – czasem to miła współpraca, czasem to „gra o tron" w szkolnej hierarchii.

To w końcu moment, kiedy znów musimy wziąć na tapetę szlaczki, ułamki, wyklejanki, czyli to wszystko, o czym już dawno zdążyliśmy zapomnieć.

Odrabianie lekcji... Odrabiać je z dzieckiem czy nie. Zaufać czy kontrolować? Ja przyjęłam taktykę, że jak syn będzie potrzebował pomocy, to o nią poprosi. Nie zawsze się to udawało, ale wtedy sam Fryderyk wiedział, że popełnił błąd, nie robiąc tego, co powinien. Chyba na tym tak naprawdę polega odrabianie lekcji.

A teraz wyjmijcie notatniki i zapiszcie temat: „Szkolne początki"...

JAK WYBRAĆ DOBRĄ SZKOŁĘ DLA SWOJEGO DZIECKA?

Danuta Kozakiewicz, dyrektorka szkoły

Lepsza jest szkoła prywatna czy państwowa?
Najlepsza jest bardzo dobra państwowa lub bardzo dobra prywatna. Nieprzeładowana szkoła rejonowa jest bardzo dobrym rozwiązaniem. Zawsze powtarzam, że chodzi nie tylko o przekazanie wiadomości, ale przede wszystkim o wychowanie. Rejonówka to świetne środowisko społeczne, w którym dziecko uczy się funkcjonowania w grupie.

Chodzi o zetknięcie się dzieci z kompletnie różnych środowisk?
Tak. W klasach szkół prywatnych jest z reguły bardzo mało uczniów. Reprezentują środowisko ludzi raczej dobrze uposażonych. Jeżeli w klasie jest sześcioro, ośmioro dzieci (miałam przypadek, gdzie było troje), nie ma szans na stworzenie choćby niewielkiego środowiska społecznego, w którym nauczą się np. rozwiązywać konflikty, odmawiać, pomagać. Potem, w gimnazjum, jest na to za późno. Jeżeli

za dziecko w szkole myślą i działają dorośli, jest ono bez przerwy kontrolowane, nie podejmuje decyzji, to jak zachowa się w sytuacji próby, np. w gimnazjum? Czy potrafi odmówić, kiedy ktoś zaproponuje mu narkotyki? A może nie będzie miało takiej potrzeby, skoro do tej pory ktoś za nie wszystko robił?

> Stwarzając dziecku przesadnie komfortowe warunki, pozbawiamy go możliwości zdrowego funkcjonowania w nie do końca przyjaznym środowisku. Dzieci, które od samego początku były w szkołach prywatnych trzymających uczniów pod kloszem, nie poznają trudniejszych stron życia. Z niekorzyścią dla siebie.

Po czym poznać, że szkoła jest dobra?
Zacznę od tego, po czym nie poznajemy dobrej szkoły. Po tym, że jest na pierwszym miejscu w rankingu nauczania.

Hurra, obalamy mity rankingowe. To mnie cieszy!

Rankingi opierają się na średnim wyniku sprawdzianu po klasie szóstej. Jest to informacja, która niewiele mówi.

I – uwaga – tak twierdzi dyrektorka szkoły stojącej w rankingach dosyć wysoko!
Wyniki rankingu mówią o tym, jak sobie dobraliśmy dzieci. I czy w danym roku trafiło się dużo dzieci, które mają specjalne potrzeby edukacyjne. Nic więcej.

Może kierować się opinią dyrektora na temat swojej szkoły?
Każdy dyrektor swoją szkołę będzie przedstawiał jako świetną. Ale lepiej poobserwować jego samego. Czy ma pasję w oku, kiedy mówi o szkole? Czy dyrektor wie, jacy są rodzice? I czy ma zdroworozsądkowy ogląd sytuacji? Czy potrafi powiedzieć także o konfliktach, które są w szkole? Lepiej, żeby nie mówił o laureatach, rankingach. Dobrze, jak mówi o uczniach. Jacy są, co lubią, o co się kłócą, z jakich środowisk pochodzą. Starałabym się koniecznie porozmawiać z rodzicami dzieci, które już chodzą do tej szkoły. Wzięłabym na warsztat kilkoro, bo jedno czy dwoje może mieć skrajne opinie. Dobrze wybrać się do szkoły np. na festyn, kier-

masz, pochodzić w tłumie i posłuchać, co ludzie mówią. Zobaczyć, jaki jest kontakt z dyrektorem: czy przechodzi wśród rodziców i jest kimś, kto budzi średnio przyjemne emocje. Jeżeli zobaczymy, że do pani dyrektor podbiega dziecko i przytula się do jej nogi, oj, to jest dobrze!

Wróćmy jeszcze do przedszkola. Często rodzice są zachwyceni, że paczka przyjaciół, cała grupa chce się dostać do tej samej szkoły. Czy warto taką grupę przedszkolną przenosić do pierwszej klasy w całości?

Staram się tłumaczyć rodzicom, że nie przenosimy całych grup. Często wtedy dzieciom jest trudniej. Miewałam sytuacje, kiedy rodzice Kasi przychodzili, prosząc, żeby Kasia była z Jasiem. A rodzice Jasia: „Wszędzie, tylko nie razem z Kasią". I co wtedy? Albo dowiaduję się od wychowawczyni w przedszkolu, że rodzice dzieci z grupy to mała bombka atomowa – nie potrafią współpracować ze sobą. W takiej sytuacji nauczyciel może mieć problem z wprowadzaniem swoich ustaleń. Nigdzie nie jest powiedziane, że zasady, które zostaną przeniesione z przedszkola, będą sprawdzały się w szkole. Poza tym znajomości dziecięce bardzo szybko się zmieniają, więc nie ma się co martwić, że przedszkolne przyjaciółki na śmierć i życie zostaną rozdzielone. Dwa tygodnie po rozpoczęciu roku szkolnego w nowym układzie klasowym są nowe przyjaźnie i najlepsi przyjaciele. I w końcu – co z dziećmi, które nie należą do tej grupy? Może się wytworzyć niekorzystna sytuacja: grupa przedszkola X, grupa przedszkola Y i dzieci nienależące do żadnej z tych grup. Bardziej twórcze i kreatywne jest stworzenie klasy z dzieci z różnych przedszkoli.

Jak dobra szkoła wzmacnia dziecięce talenty?

Jako nauczyciele mamy obowiązek szukania w dzieciach talentów. Pod hasłem „talent" nie rozumiemy tylko tych zdolności, które dotyczą czysto szkolnego działania (uzdolniony polonistycznie, matematycznie czy z innych przedmiotów). To nie o to chodzi. Dziecko może mieć talent np. społeczny. Jest świetnym organizatorem i kiedyś w życiu będzie doskonale radził sobie jako zarządzający firmą. To już widać u siedmiolatka, który porozdzielał klocki i wszyscy się dobrze bawili.

Drugie dziecko będzie np. bardzo dokładne – wszelkie rzeczy, które dotyczą manipulacji paluszkami, wychodzą mu świetnie. Inne dziecko nie rozstaje się z kredką, z farbą. Następne dziecko będzie świetnie gotowało, już wiemy, że interesuje się żywieniem. W naszej szkole mamy rzeczy bardzo nietypowe, np. „Klub złotej rybki", gdzie maluchy uczą się wędkować. Szkoła powinna dawać możliwość wyboru, rozwijania bez dyscyplinowania tego jakąkolwiek oceną, oprócz opisowej. Ona daje dziecku informację zwrotną, w stylu: „To robisz świetnie, a tu trochę gorzej" albo „Twoje zachowanie jest super" czy „Powinieneś jeszcze popracować".

JAK PRZYGOTOWAĆ DZIECKO DO SZKOŁY?

Justyna Korzeniewska, psycholog
i Danuta Kozakiewicz, dyrektorka szkoły

Jeszcze niedawno był kłopot z sześciolatkami w pierwszych klasach. Teraz już go nie ma. Ale jeżeli rodzice nie chcą puścić dziecka wcześniej do szkoły albo po prostu uważają, że ten ich sześciolatek jest taki dziecinny, to jak mu pomóc?

Justyna Korzeniewska: Z moich rozmów z rodzicami i dziećmi wynika, że obie strony mają skrajne obrazy szkoły. Albo ten obraz jest idealizowany, a potem dziecko się szybko rozczarowuje, lub – na odwrót – mały człowiek jest straszony: koniec laby, koniec wakacji, pójdziesz do szkoły, będziesz miał obowiązki. Wtedy zaszczepia się w nim lęk i niepewność. Nawet jeśli intencja rodziców taka nie jest. Najlepiej po prostu połączyć te dwa obrazy, opowiedzieć dziecku, co może zyskać, idąc do szkoły, ale też przygotować na to, że mogą być trudne sytuacje. Nie tylko przez mówienie: „Wiesz, nie wszystko może ci się spodobać". Przede wszystkim przez nauczenie go, co może zrobić w trudnych, konfliktowych sytuacjach. I uświadomienie, że będą tam dzieci, spośród których może wybrać przyjaciela albo grupę przyjaciół. Ale może się też zdarzyć, że spotka kogoś, kogo nie będzie lubił: „Wtedy właśnie możesz mu powiedzieć, że nie chcesz się z nim bawić".

Warto wysyłać maluchy na specjalne programy adaptacyjne organizowane przez szkoły?

Justyna Korzeniewska: Warto. Służy to temu, aby dziecko zapoznało się z otoczeniem i urealniło wyobrażenia. Żeby mogło w bezpiecznych warunkach, bez typowej szkolnej presji, zobaczyć, na czym szkoła polega.

> Ważne jest przećwiczenie z dzieckiem umiejętności, które w szkole będą wyglądały inaczej niż w domu. Choćby jedzenie posiłku w obecności rówieśników. Jeżeli nie mają rodzeństwa, nie chodziły do przedszkola – nie jedzą w gronie innych dzieci. Nie wiedzą, czy mają jeść, czy tylko patrzeć, co inne dzieci robią. Krępujące jest także korzystanie z szatni czy toalety, bo to także dzieje się w obecności innych dzieci. Można dziecko oswoić z tą sytuacją, zapraszając rówieśników do domu czy wyjeżdżając na weekend z dziećmi znajomych. Idąc do szkoły, muszą przyswoić wiele nowych reguł: podnosić rękę, zanim coś powiedzą, przyzwyczaić się do podziału na przerwy i lekcje.

Danuta Kozakiewicz: Rodzice, myśląc o gotowości swojego dziecka, robią podstawowy błąd: porównują współczesną szkołę z tą, którą znają ze swojego dzieciństwa. A to są dwie różne placówki. Trzeba pójść i przyjrzeć się tej nowej. Większość z nich jest otwarta dla rodziców przyszłych uczniów. Oprócz spotkań oficjalnych, można się umówić na rozmowę indywidualną z dyrektorem. Zajęcia otwarte pomagają zobaczyć, jak wygląda lekcja. Kiedyś to było 45 minut siedzenia w ławce z rękami na pulpicie. Teraz nauczyciele są przygotowani do tego, że dziecko 6- czy 7-letnie nie jest w stanie się skupić nawet przez pięć minut.

Jakie rzeczy powinno potrafić dziecko przychodzące do pierwszej klasy?

Danuta Kozakiewicz: Pierwszoklasista powinien umieć skorzystać z toalety, umyć ręce, zapiąć bucik na rzep, zjeść obiad samodzielnie. Umieć trzymać w ręku kredkę i rysować nią. Natomiast absolutnie nie musi czytać i pisać. Wręcz odwrotnie: niedopuszczalne jest w przedszkolach uczenie pięciolatków pisania wypracowań i rozwiązywania zadań z treścią.

Są takie przedszkola?!

Danuta Kozakiewicz: Tak. Opadają mi ręce. Przedszkole ma zupełnie inne zadania. To nie jest łatwe, by zmusić pięciolatka, aby robił to, co ma robić za rok czy za dwa lata. Takie postępowanie nie rozwija w dziecku tego, co w danym momencie rozwojowym powinno być wzmacniane.

Justyna Korzeniewska: Bardzo duża zmiana, do której trzeba dziecko przygotować, to tzw. praca kierowana, czyli po prostu słuchanie poleceń nauczyciela. Przyjmuje się, że sześcio- i siedmiolatek dojrzał do tego, żeby kierować się nie tym, na co ma ochotę, tylko tym, co zadaje nauczycielka i robią inne dzieci. Dzieci, które nie miały wcześniej takiego treningu, są zdziwione i zaskoczone, że w matematyce jest jedno prawidłowe rozwiązanie.

Dziecko jest przyzwyczajone, że jedną rzecz można robić na milion sposobów...

Justyna Korzeniewska: To jest w dziecku najpiękniejsze, no, ale musimy je jakoś przybliżyć do systemu. Można to zrobić, wprowadzając różne zabawy, które mają ściśle ustalone reguły, lub tak ułożone gry edukacyjne, że albo coś się składa i pasuje, albo nie. I nie ma trzeciego wyjścia. Wtedy dziecko nie potrzebuje kogoś z zewnątrz, żeby mu powiedział, czy zrobiło dobrze.

Dlaczego to jest ważne?

Justyna Korzeniewska: W okresie przedszkolnym dzieci są bezkrytyczne wobec swojego umysłu. Pierwszą myśl, która przychodzi im do głowy, uważają za świetne rozwiązanie. Nie rozumieją jeszcze, że są obiektywne prawdy albo jest jeden logiczny wynik działania matematycznego. Wiele dzieci ma z tym kłopot: nauczyciel pyta o rozwiązanie, a one wskazują odpowiedź, która im się bardziej podoba: „Podoba mi się ósemka, to niech będzie ósemka". Obserwujemy to u dzieci w okresie przedszkolnym – trudno z nimi grać w gry, gdzie przestrzega się reguł. Są one respektowane do momentu, kiedy maluch wygrywa. Jeśli coś jest nie tak, to należy, zdaniem dziecka, te reguły zmienić.

Bruno Bettelheim w książce „Wystarczająco dobrzy rodzice" radzi, żeby grając z maluchami, zawsze dawać im wygrać i przymykać oko na oszukiwanie.

Justyna Korzeniewska: Tak, z dzieckiem warto grać w gry, nawet jeśli ono nie przestrzega reguł i zasad. Dobrze jest podejmować taką współpracę, troszeczkę negocjować, żadnych: „przegrałeś", „skłamałeś", „oszukujesz", „musisz po męsku znieść tę porażkę" – dla dziecka to jeszcze trudne.

Dla dorosłego to także nie jest łatwe...

Justyna Korzeniewska: W grze chodzi o to, żeby maluch spotkał się z kimś, ktoś jednak ma inne zdanie. Żeby go przygotować, że kiedyś, na początku nauki szkolnej, nauczyciel powie: „Nie, to jest złe rozwiązanie". Mimo że dziecko jest absolutnie pewne, że to ono ma rację.

W szkole zaleca się, żeby od początku nie stresować dzieci liczbowym ocenianiem, rankingowaniem. Jest opinia opisowa dla rodziców, a dzieci dostają plusy, kropki, słoneczka, serduszka. To, niestety, niekoniecznie spełnia swoją funkcję. Dzieci bardzo szybko się orientują, że coś jest nie tak. Wiedzą, że lepiej dostać uśmiechnięte słoneczko niż słoneczko za chmurką.

Wydaje mi się, że dziecko, które przychodzi do klasy pierwszej, najzwyczajniej w świecie się nudzi, mam wrażenie, że również staje się przez to trochę niegrzeczne.

Danuta Kozakiewicz: Nudzi się i ma problemy z emocjami, bo czas, który poświęcono na „siedź i pisz" powinien być poświęcony na uczenie np. bycia w grupie. Sześcio- czy siedmiolatek jeszcze jest indywidualistą, ale już te pierwsze kontakty ma, już się uczy zabawy. Jak pani myśli, co najbardziej kształtuje kreatywność?

Zabawa?

Danuta Kozakiewicz: To, że weźmie dwa klocki i za ich pomocą potrafi przedstawić niemal II wojnę światową. Jeżeli dziecko posadzimy i każemy mu pisać, czytać – to nie tędy droga.

A jeżeli dziecko samo ma ochotę, żeby siadać i pisać?

Danuta Kozakiewicz: To nie hamujemy. Ono samo nam pokaże, czego chce. Mój syn (dzisiaj już dorosły) jako trzylatek niepostrzeżenie nauczył się czytać pojedyncze słówka. Widział na rysunku kota i podpis „kot", więc mu się szybko skojarzyło. Potem zobaczyłam, że on raptem widzi literki i mówi: „Mama – kot". Ale w tym wieku cechy powinniśmy jednak kreować poprzez swobodną zabawę, poprzez zabawę kierowaną. Dziecko bardzo trudno się skupia.

> **Sześcio- czy siedmiolatek nie potrafi dobrze pracować w grupie, jest bardzo niestabilny: jego emocje mają duży zakres – od wielkiej radości, euforii, zadowolenia, po łzy i tęsknotę za mamą. To wszystko całkowicie mieści się w normie.**

Dziecko potrzebuje ruchu, będzie chodziło po klasie. Może chcieć się np. w danym momencie położyć. W klasie powinna być poduszeczka, dziecko kładzie się na dywanie, jest przykrywane, chwilę odpoczywa. Można mieć w szkole np. kącik złości. Dziecko w danym momencie jest złe, jest wściekłe i musi wyładować emocje. W tym kąciku są tzw. gniotki do wzięcia do ręki i gniecenia z całej siły. Są tam też kredki i kartki, po których można rysować, bazgrać, potem je podrzeć, zmiąć i wyrzucić do kosza. Ze złością. Jest tam poduszeczka, w którą można walić pięścią tyle, ile się chce.

Czy nauczyciele też mogą korzystać z kącika złości? Bo często pewnie by tam siedzieli.

Danuta Kozakiewicz: Są takie momenty. Nauczyciel to człowiek, który w czasie pracy musi nauczyć się panować mocno nad emocjami. Z jednej strony dziecko trzeba traktować podmiotowo, a z drugiej – to wychowawca w tym duecie jest mądrzejszy. Trzeba wyczuwać emocje dziecka, pytać siebie: dlaczego ono jest złe, co się z nim dzieje? Miałam przypadek, że dziecko z ADHD zrobiło dobrze pracę, którą poleciłam. Podchodzę z nagrodą (może być nią słowo, dotyk) – chciałam pogłaskać go po głowie. Wyciągnęłam rękę i co usłyszałam? – „Nie dotykaj mnie!". Gdybym nie miała doświadczenia, mogłabym się poczuć urażona, bo przecież chciałam dobrze. Ale ja wiem, że dziecko może mieć nadwrażliwość na bodźce – również dotykowe. Ominięcie bariery fizycznej bliskości w pewnym sensie boli; nawet nie fizycznie – po prostu go niepokoi. Dlatego wyciszyłam wtedy swoje emocje i wytłumaczyłam: „Chciałam cię tylko pogłaskać". Co dziecko na to? – „A to proszę!". Czyli wygrałam – zrozumieliśmy się.

CO TO ZNACZY DOBRA WYCHOWAWCZYNI?

Danuta Kozakiewicz, dyrektorka szkoły

Dziecko trafia do klasy, w której wychowawczynią jest pani, która według obiegowej opinii jest „trochę gorsza". Występować z prośbą o przeniesienie dziecka do innej klasy, czy warto dać tej pani szansę?
To jest chyba najczęstszy problem, z jakim rodzice zwracają się do dyrektora. Radziłabym poczekać. To, czy nauczyciel jest dobry, czy nie, zależy od wielu aspektów. Trudno powiedzieć, do którego nauczyciela dziecko będzie najbardziej pasowało. Miałam sytuację: tłum do jednej pani nauczycielki. Do drugiej – znacznie mniejszy. Minął rok. I zaczęły się prośby o przeniesienie do tej mniej popularnej pani. Odpowiedziałam: „Absolutnie nie". Każda grupa dzieci i rodziców to specyficzne środowisko społeczne. Ma cechy, które wymagają konkretnego charakteru nauczyciela. W jednej grupie jest lepiej, kiedy nauczyciel będzie ciepły i opiekuńczy. W innej – wymagający i trzymający na dystans.

Bardzo ważna jest kwestia doboru nauczyciela do grupy.

> To, co podoba się rodzicom, nie do końca jest tym, co akceptują dzieci. Czasami one są zakochane w swojej pani i jest im razem świetnie. Co nie oznacza, że automatycznie wychowawczyni będzie miała świetne kontakty z rodzicami. I rodzice wcale nie muszą być nią zachwyceni, bo oceniają ją pod kątem kontaktu ze sobą, a nie z dziećmi. To błąd.

Trzeba komuś zaufać. Zakładam, że dyrektor doskonale wie, kogo zatrudnia i z jakimi ludźmi chce pracować.

Dobre założenie. Dyrektor próbuje dobierać nauczycieli jak najlepiej. Jeżeli po rozmowie z rodzicem wiem, jakie problemy czy cechy ma dziecko, widzę, która z nauczycielek będzie najbardziej pasowała. Mam dodatkowego nauczyciela, który pomaga, i wiem, do której grupy go skierować. Oczywiście nie jestem w stanie zrobić tego idealnie, ale kieruję się informacjami od rodziców. I trochę swoim instynktem.

DZIECI Z PROBLEMAMI

Danuta Kozakiewicz, dyrektorka szkoły

Co w sytuacji, kiedy do szkoły podstawowej mają uczęszczać dzieci z autyzmem, dzieci z zespołem Aspergera, dzieci z ADHD? Trzeba bać się takich miejsc? Pamiętam, że moi znajomi byli przerażeni, że posyłam dzieci do takiej szkoły.

W każdej szkole masowej jest dzisiaj dziecko z problemami. Nie trzeba się bać takich miejsc. Ale warto sprawdzić, na ile szkoła jest do tego przygotowana. Wystarczy porozmawiać z dyrektorem i nauczycielami na temat dzieci z ADHD, a także sprawdzić, czy ich wiedza jest czysto teoretyczna, czy praktyczna. Czy każdy nauczyciel wie, co konkretnie trzeba robić, żeby dziecko nie zaburzało toku nauki?

Powinien odpowiedzieć na to pytanie?

Tak. Nie możemy wymagać, żeby nauczyciel miał czarodziejską różdżkę i z dziecka, które sprawia problemy, w ciągu krótkiego czasu zrobił aniołka. Powinien wprowadzać różne działania (a jest ich bardzo dużo), które umożliwią klasie normalną naukę. Jeżeli nauczyciel odpowie: „Sadzam dziecko z ADHD daleko od okna, żeby bodźce go nie pobudzały. Wysyłam je co chwilę z gąbką. Proszę, żeby zebrało karteczki lub wykonało inną czynność wymagającą ruchu. Sadzam je wśród dobrych uczniów, a nie najlepszych przyjaciół, żeby się nie rozpraszało" – to możemy być spokojni, że dziecko zostanie dobrze „zagospodarowane" i inne dzieci nie ucierpią.

Co z dziećmi z zespołem Aspergera?

Dziecko z zespołem Aspergera bywa wyzwaniem dla szkoły. To zależy od nasilenia objawów. Ale jeżeli jest bardzo dobra współpraca rodziców ze szkołą, jesteśmy w stanie całkiem sprawnie pracować z takim dzieckiem.

Pierwsza rzecz to konkretna informacja. Dziecko powinno być przebadane, mieć odpowiednie dokumenty: opinie, orzeczenie o potrzebie nauczania specjalnego. W tych opiniach są zalecenia dla szkoły, jak powinna pracować z dzieckiem. W szkołach jest psycholog, pedagog i olbrzymie wsparcie. Przy dziecku, które wymaga troskliwszej opieki, ważne jest, aby wiedzieć, jak wygląda proces decyzyjny w szkole. Czy jest w nim uwzględnione zdanie rodziców. W tym celu dobrze porozmawiać albo z przewodniczącym, albo z członkiem prezydium rady rodziców. Zobaczyć, w którym momencie mogą oni albo współdecydować, albo przynajmniej wspierać dyrektora szkoły. Dyrektor powinien wiedzieć, co rodzicom nie odpowiada, wtedy łatwiej jest dojść do konsensusu.

CHOROBY PRZEWLEKŁE A NAUKA W SZKOLE

Danuta Kozakiewicz, dyrektorka szkoły

Czy dziecko chore, stale przyjmujące leki, może uczyć się w zwykłej szkole państwowej?

Tak. Wielu mądrych ludzi zajmujących się oświatą twierdzi, że życie takich dzieci w zupełnie naturalnych warunkach ze zdrowymi dziećmi ma moc w pewnym sensie uzdrawiającą.

Jakie choroby nie wykluczają dziecka z nauki w szkole masowej?

W szkole mogą się uczyć dzieci upośledzone umysłowo w stopniu lekkim. Pracują według swojego programu. Dzieci z cukrzycą, nowotworami, epilepsją, chorobami serca, ADHD, zespołem Aspergera. Dzieci z problemami ruchowymi (np. jednostronny, częściowy paraliż). We wszystkich tych przypadkach konieczna jest bliska współpraca z rodzicami, a czasami i z lekarzem.

A jak te dzieci się odnajdują w szkole?

Świetnie funkcjonują. Nawet te z pompami insulinowymi, jeżeli są przygotowane przez rodziców, przez lekarza. Nauczyciele powinni być przeszkoleni, jak podawać leki. U nas w szkole są także dzieci z chorobami psychiatrycznymi (leczonymi), i nie ma żadnych problemów. I one naprawdę lepiej się czują niż w środowisku szpitalnym.

Ale bywa też inaczej. Uczyłam kiedyś dziewczynkę – pacjentkę psychiatryczną z lekkim upośledzeniem umysłowym. Nie szło jej za dobrze. Doszliśmy z rodzicami do wniosku, że w naszej szkole nie jest w stanie odnieść sukcesu. Widać było u niej pogłębiające się poczucie bycia gorszą. Poszliśmy do szkoły specjalnej, najpierw chodziła tam w odwiedziny. I co się okazało? Że dziewczynka tam jest uśmiechnięta, zadowolona, tam wie lepiej, tam potrafi więcej, odnosi sukces. Powiedziała: „Mamo, ja chcę tam". I poszła do szkoły specjalnej.

Czyli rodzice chorych dzieci nie powinni bać się państwowej szkoły.

Oczywiście. Ale muszą z nami porozmawiać, przedstawić, jak duże jest nasilenie problemów zdrowotnych. Bo jeżeli będzie dziecko z chorobą psychiatryczną, która wymaga bardzo małej grupy i indywidualnego sposobu pracy, szkoła masowa może nie być najlepsza.

> **Ale zdecydowana większość chorych dzieci bardzo dobrze funkcjonuje w szkole, a wbrew pozorom rówieśnicy bywają bardzo opiekuńczy, wyrozumiali.**

Potrafią świetnie zrozumieć, że jedyne dziecko w klasie ma prawo wyjąć jedzenie i zjeść w danym momencie. Jeżeli wytłumaczymy dzieciom, na czym polega cukrzyca i czemu czasami ich kolega czy koleżanka musi sobie uzupełnić cukier, dzieci przyjmują to fantastycznie i potem nie ma najmniejszych problemów.

ŚWIETLICA NIE JEST PRZECHOWALNIĄ

Danuta Kozakiewicz, dyrektorka szkoły

Jaką rolę powinna odgrywać świetlica?
Na pewno nie powinna być przechowalnią. Na szczęście większość świetlic to miejsca, w których mamy możliwość zapewnienia dzieciom dodatkowych, fantastycznych zajęć. Nasza świetlica prowadzona jest metodą kół. Dzieci są podzielone na grupy. Każdy wychowawca prowadzi ze swoją grupą zajęcia opiekuńcze, idzie na obiad, wychodzi na spacer, odrabia lekcje. Poza tym jest specjalistą w jakiejś dziedzinie: plastykiem, muzykiem, nauczycielem WF i prowadzi koła zgodnie ze swoimi pasjami.

Kto może się zapisać do świetlicy?
Do świetlicy ma prawo chodzić każde dziecko, ale ponieważ nie ma tyle miejsca, obowiązkowo musimy zapewnić zajęcia klasom I–IV. To są małe dzieci, które nie wracają jeszcze same do domu. Nasza świetlica zaprasza gości z zewnątrz. Mamy zajęcia prowadzone przez rodziców, przez pracowników muzeów i innych instytucji. Dzieci lepią z gliny, mają zajęcia

bębniarskie z Afroamerykaninem. Wychodzimy naprzeciwko rodzicom, którzy nie mają tyle czasu czy pieniędzy, żeby dzieciom pokazać to wszystko i obserwować, w czym się ich dziecko świetnie czuje. A my – śledząc poczynania dzieci na zajęciach, potrafimy ocenić, w jakich klimatach czują się najlepiej.

Czy w przedłużone weekendy i czas przedświąteczny dzieci mogą być w świetlicy?
Szkoła ma obowiązek zorganizowania zajęć dzieciom we wszystkich przerwach świątecznych. Nauczyciele wtedy pracują. To dla nich nie jest czas wolny i nigdy nie był.

Pytam o to, bo są przecież rodzice, którzy samotnie wychowują dzieci, np. mama pielęgniarka, która nie ma z kim zostawić dziecka.
Może je oddać pod opiekę szkole. Większość dzieci korzysta ze świetlicy w bardzo mądry sposób, czyli faktycznie wtedy, kiedy rodzice nie mają co zrobić z maluchem. Ale w czasie świątecznym nic nie zastąpi dziecku wspólnego z mamą lepienia pierogów.

> Kochani rodzice, nie pozbywajcie się na siłę dzieci, zostawiając je w świetlicy. Miewam takie sytuacje, że np. tata czy mama zajmuje się młodszym dzieckiem w domu, a starsze dziecko w sylwestra albo w Wigilię siedzi u nas od 7 do 18.

KIEDY DZIECKO MOŻE ZACZĄĆ SAMO PRZYCHODZIĆ DO SZKOŁY?

Danuta Kozakiewicz, dyrektorka szkoły

No właśnie, kiedy?
Sześciolatek na pewno nie. Zwykle 9-latek już swobodnie się porusza w ruchu ulicznym.

Podpowie pani rodzicom, jak mają się przekonać, czy ich dziecko już jest gotowe do samodzielnego chodzenia do szkoły?
Wysyłamy je do sklepu po bułki. Jeżeli wróci (z bułkami), po drodze nie skręci w nieznane – to znaczy, że jest gotowe. Kiedy pierwszy raz swoje dziecko wysłałam samodzielnie przez ulicę, stanęłam niedaleko, ukryta za rogiem. Obserwowałam, jak sobie radzi. Może to była nadopiekuńczość, ale wolałam dmuchać na zimne. Poradził sobie. Niebezpieczne skrzyżowania, ruch uliczny – to najgorszy wróg dziecka.

> Uwaga – dziecko samo często jest bezpieczniejsze niż w grupie. Grupa miewa niezbyt mądre pomysły. Nawet jeśli nasze dziecko jest bardzo rozsądne i zawsze będzie stało na czerwonym świetle, to w grupie może zachować się inaczej.

Czy sześciolatki jeżdżą na wycieczki szkolne?
Pierwsze wycieczki są bardzo krótkie, tuż poza szkołę. Z 6-latkami nie wyjeżdżamy na wycieczki z noclegiem. Większość rodziców uważa, że 6-latki są jeszcze za małe. Starsze mają wycieczki z noclegiem i zielone szkoły – wyjazdy całotygodniowe, na których uczymy się podczas zwiedzania, zabawy i innych nietypowych zajęć łamiących szkolną rutynę. Wycieczka fantastycznie wychowuje. Okazuje się, że dopiero wtedy nauczyciel dobrze poznaje dzieci, a one uczą się zasad bezpieczeństwa, zasad współżycia.

W którym momencie dziecko może samodzielnie jechać na kolonie?

Dzieci się różnie rozwijają, więc ich poczucie odpowiedzialności także nie jest na jednakowym poziomie. Jeżeli rodzice uznają, że dziecko jest już w miarę odpowiedzialne, powinni je wysyłać. Pierwszy raz najczęściej w okolicach czwartej, piątej klasy. Jeżeli rodzice są nadopiekuńczy i w normalnym życiu domowym nie dają dziecku swobody, nie zostawiają go samego, nie radzę wysyłać. Lepiej poczekać. Jeżeli rodzice nie wysyłają dziecka po zakupy, zawsze wracają z nim do domu, jeżeli nie wychodzi ono samo na podwórko – nie można go raptem wysyłać na obóz harcerski. To dla niego będzie naprawdę trudne przeżycie. Piąta klasa to moment, w którym dziecko powinno już dawać sobie radę. Dobrze jest zacząć od stopniowania dziecięcej samodzielności – wtedy spokojnie te kolonie przeżyje i sobie poradzi. Dobrą metodą jest wysłanie młodszego dziecka na kolonie ze starszym znajomym, np. dobrym znajomym z podwórka. Zdaję sobie sprawę, że rodzicom trudno jest walczyć ze swoją nadopiekuńczością. Ja sama najchętniej jeszcze dzisiaj mojego trzydziestokilkuletniego synka ochroniłabym przed złem całego świata!

PO CO W SZKOLE RADA RODZICÓW?

Danuta Kozakiewicz, dyrektorka szkoły

Co Rada Rodziców może w szkole?

Rada Rodziców jest poważną instytucją. Opiniuje podręczniki, program wychowawczy, program profilaktyki, decyduje o tym, w jaki sposób szkoła pracuje. Rodzice mogą wpływać na dobór pracowników, mają prawo do wyrażenia swojej opinii, także przy awansie zawodowym nauczyciela. Mogą się zwracać do dyrektora z każdą sprawą dotyczącą wszystkiego, co dzieje się na terenie szkoły, zaopiniować, prosić, postulować, a dyrektor ma stuprocentowy obowiązek odpowiedzieć. Większość życia szkoły opiera się na porozumieniu dyrektora i Rady Rodziców.

A czy dla dyrektorów szkoły jest pomocnym organem?

Jest olbrzymim zasobem wiedzy. Poza tym jest to grupa, która ma mnóstwo pomysłów. My korzystamy np. z pomocy rodziców, babć, cioć, wujków, dziadków, którzy są specjalistami w różnych dziedzinach. Jeżeli przyjdzie na lekcję wujek chemik i pokaże dzieciom, że wlewa zielone do czerwonego i powstaje fioletowe, to z radością korzystamy z jego wiedzy.

Spis treści

Wstęp (7)

Część I
Zdrowie (27)

Gorączka (32)

Kiedy iść do pediatry ze zdrowym dzieckiem (36)

Jak hartować dzieci? (39)

Czy dawać dzieciom suplementy? (42)

Antybiotyki (46)

Szczepienia (48)

Ospa party (61)

Pasożyty (63)

Bostonka (69)

Wszy (70)

Wady postawy (73)

Co w domowej apteczce? (89)

Rodzice w szpitalu (92)

Zdrowe zęby (98)

Zdrowa dieta (111)

Przepisy (129)

I Śniadanie (130)

II Śniadanie (132)

Deser (134)

Domowa pizza (136)

Część II
Ważne rozmowy z dzieckiem (139)

Jak rozmawiać z dzieckiem o śmierci? (143)

Jak wytłumaczyć dziecku rozwód? (154)

Dziecko czeka na rodzeństwo (162)

Brzydkie słowa (165)

Kiedy moje dziecko bije inne dzieci (169)

Kiedy dziecko kłamie (174)

Wymyślony przyjaciel (180)

Mamo, kup mi to. Ja chcę! (184)

Czym jest dla dziecka przeprowadzka? (186)

Co poradzić na nocne moczenie? (188)

Mały „złodziej" (192)

Skąd się bierze „Nocny Jaś Wędrowniczek"? (194)

Jak rozmawiać z przedszkolakiem o seksie (202)

Jak kształtować samodzielność u dziecka? (206)

Zespół Aspergera i ADHD (211)

Moje dziecko i „te inne dzieci" (216)

Dziecko i bieda (219)

Część III
Niania (223)

Jaka powinna być niania (227)

Część IV
Przedszkolak (249)

Czy każde dziecko powinno pójść do przedszkola? (253)
Jak przetrwać trudny proces adaptacji w przedszkolu (259)
Moje dziecko nie lubi pani przedszkolanki (268)
Sposób na niejadka (270)
Bezstresowe wychowanie w domu a dyscyplina w przedszkolu (273)
Koszmar przedstawień przedszkolnych (276)
Trudne dziecięce przyjaźnie (278)
Lider grupy (281)
Co trzeba wiedzieć o mutyzmie? (284)

Część V
Szkolne początki (291)

Jak wybrać dobrą szkołę dla swojego dziecka? (295)
Jak przygotować dziecko do szkoły? (301)
Co to znaczy dobra wychowawczyni? (311)
Dzieci z problemami (313)
Choroby przewlekłe a nauka w szkole (316)
Świetlica nie jest przechowalnią (319)
Kiedy dziecko może zacząć samo przychodzić do szkoły? (322)
Po co w szkole Rada Rodziców? (325)

Spis treści (327)

Alicja Kalińska

Dietetyczka, pracuje w Poradni Dietetycznej SetPoint, która od ponad 15 lat pomaga poprawiać nawyki żywieniowe i pozbywać się nadmiaru kilogramów. Przez te lata poradni zaufało już ponad 20 tys. osób, które łącznie zgubiły ponad 50 ton tkanki tłuszczowej. W SetPoint pracują wyłącznie doświadczeni i kompetentni dietetycy z wieloletnim stażem. Ich specjalnością jest gwarantowana zmiana nawyków żywieniowych, również całej rodziny, i utrata zbędnych kilogramów, ale także dietoterapia w chorobach cywilizacyjnych, chorobie Hashimoto, insulinooporności i innych.

Aneta Górska-Kot

Lekarz medycyny, pediatra. Jest ordynatorem Oddziału Pediatrii Szpitala Dziecięcego przy Niekłańskiej w Warszawie. Całe swoje życie dedykowała właśnie dzieciom – najpierw dwóm córkom, a teraz każdemu małemu pacjentowi. Bo dzieci nie powinny cierpieć i umierać. Nie tylko leczy, ale też wspiera i edukuje. Bierze udział w kampaniach społecznych, m.in. „Pneumokokom mówimy: Szczepimy!", „5 porcji warzyw i owoców". Współpracuje z kilkoma fundacjami m.in.: „Aby żyć", „Dlaczego?", „Serce bez Granic". Jest biegłym sądowym w dziedzinie pediatrii.

Danuta Kozakiewicz

Dyrektor Szkoły Podstawowej nr 103 im. Bohaterów Warszawy 1939-1945 w Warszawie. Jako ekspert w dziedzinie oświaty współpracuje m.in. z *Dzień Dobry TVN* i *Pytanie na Śniadanie*. Autorka artykułów o pracy szkoły z dzieckiem sześcioletnim i promujących zdrowy styl życia. Prelegentka na konferencjach szkoleniowych i naukowych. Uczestniczka prac sejmowej podkomisji ds. młodzieży oraz spotkań programowych w Ministerstwie Edukacji Narodowej. Odznaczona m.in. Medalem Komisji Edukacji Narodowej. Prowadzona przez dyr. Kozakiewicz placówka posiada Wojewódzki Certyfikat Szkoły Promującej Zdrowie.

Iwona Gnach-Olejniczak

Ekspertka w dziedzinie stomatologii, ortodoncji, implantologii i medycyny estetycznej. Jeden z pierwszych implantologów akredytowanych w Polsce przez Ministerstwo Zdrowia i Ogólnopolskie Stowarzyszenie Implantologii Stomatologicznej. Założona przez nią Unident Union Dental

Spa Medycyna Estetyczna to jedna z najbardziej znanych klinik w Polsce specjalizująca się w wysoko estetycznych terapiach, wykorzystujących interdyscyplinarną stomatologię i medycynę estetyczną do poprawy oraz odmłodzenia rysów twarzy. Filarem metamorfoz uśmiechu jest w klinice autorski program leczenia ortodontycznego dorosłych bez usuwania zębów opatentowany przez dr Gnach-Olejniczak.

Justyna Korzeniewska

Psycholog, doktor nauk humanistycznych. Doświadczenie zawodowe zdobywa i wykorzystuje w pracy w Instytucie „Pomnik – Centrum Zdrowia Dziecka". Kwalifikacje profesjonalne podnosiła również na rocznym stażu w Bostonie. Ciepłe i pełne szacunku podejście do dzieci stara się propagować poprzez adresowane do rodziców artykuły w prasie i internecie oraz występując jako ekspert w programach telewizyjnych, m.in. w *Wielkim Świecie Małych Odkrywców* i *Na kłopoty... ABC*. Jest autorką książek: *Rozmowy z dzieckiem. Proste odpowiedzi na trudne pytania* i *Kłopotliwe zachowania dzieci. Proste reakcje na trudne sytuacje*, które stanowią efekt wielu spotkań z dziećmi i zmagań z ich ciekawymi pytaniami. Kolekcjonuje nietypowe zabawki, kołysanki i bajki.

Paweł Zawitkowski

Fizjoterapeuta, specjalizuje się w terapii neurorozwojowej małych dzieci. Autor wielu artykułów, publikacji oraz poradników na temat rozwoju małych dzieci, ich zdrowia i zakłóceń rozwojowych, w tym książek i filmów – *Co nieco o rozwoju dziecka* i serii *Mamo, Tato, co Ty na to?* Od lat doradza rodzicom, jak przez odpowiednie postępowanie, aranżację aktywności i otoczenia dzieci, zabawę, ruch oraz proste, czasem zwariowane pomysły wspierać prawidłowy rozwój ich pociech. Animator oryginalnych projektów, w tym wystaw fotograficznych i akcji społecznych, m.in. Czytać Każdy Może (Zawitkowski.pl; Facebook.com/PawelZawitkowski; www.youtube.com/mamotatocotynato.pl).